JN145860

冠婚葬祭 職場 地域

の集まりで使える!!

大人のスピーチ実例集

一般的な大人のスピーチから
手際のよい短いスピーチまで
シーン別・立場別のスピーチ113種を収載

土屋書店

目次

【短】…短いスピーチ

PART1 大人のスピーチとは

contents

PART2 冠婚葬祭のスピーチ

contents

PART3 職場・地域でのスピーチ

136 歓迎・送別のスピーチ

contents

242 同窓会のスピーチ

PART

1

大人のスピーチとは

大人のスピーチ――
それは、人生の先達としての経験から生まれる
誠実かつ重みのある言葉たちです。
人びとの心に安心を与え、
ときに社会生活の規範を示す、
大人にしか持ち得ない"品格"が
そこにはあります。

「大人のスピーチ」に求められること

私たちの生活の中には、さまざまな行事の席があります。たとえば、結婚披露宴、歓送迎会や開店などの祝いごと、会社や地域での集まり、告別式などの悲しみの席などです。

そのような人が集まる席では、必ずスピーチをする人がいます。そして、年齢や立場が上がるにつれて、大小いろいろな場でスピーチを求められる機会も増えてくるものなのです。

「大人のスピーチ」に求められているのは、奇をてらった話や軽妙な面白さではなく、**誠実で、信頼感を与えるスピーチ**です。**その場の目的に沿って**、喜びや悲しみ、あるいは感謝の言葉を**折り目正しく述べてこそ「大人のスピーチ」**といえるものになるのです。

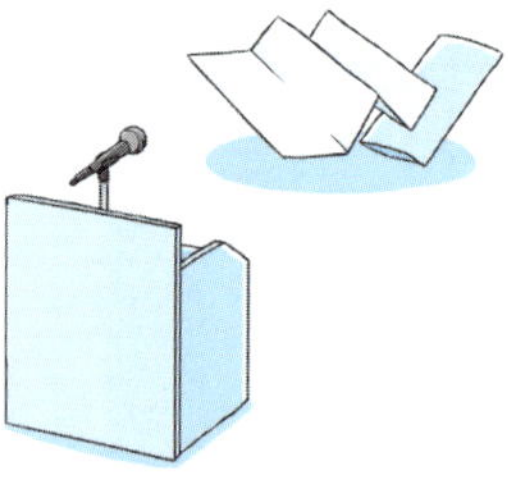

誰にでもわかる言葉で

むかしは、結婚披露宴のスピーチであれば「春光うららかに桜花爛漫《おうからんまん》と咲きほこる好季節、新郎新婦はめでたく鴛鴦《えんおう》の契《ちぎ》りを結ばれて華燭《かしょく》の盛典を挙げられ…」などと、辞典を引かなければ意味がわからないような**美文調が横行**していました。しかし、このようなスピーチはもう**時代遅れ**です。

だからといって、最近のデパート売り場のようなカタカナ語の氾濫《はんらん》でも困ります。また、略語を使いすぎたり、若い人のように「すごく」「とっても」「やっぱり」などといった言葉を頻発したりするのもあまり品がよいものではありません。

年齢や性別の異なる大勢の人が集まる場でのスピーチは、**誰にでもわかる言葉で話すことが大切**です。外国語や流行語は、一般に使われて常識となっているもの以外は使わないほうがよいでしょう。

品格ある話し方

スピーチでは、**落ちついた、重みのある話し方**を心がけましょう。軽薄な話し方や大げさな表現、必要以上のジェスチャーなどは、聞く側の信頼感を失わせてしまいます。

相手に興味をもってもらうために面白おかしく話そうと考えるのではなく、誠実な、**立場にふさわしい話し方**をすることが大切です。

「大人のスピーチ」に必要なのは、**正しい発音**と**はっきりした話し方**です。大勢の前で話すときは緊張して早口になってしまいがちですが、早口で話すと意味が通じにくくなり、相手を落ちつかない気持ちにさせてしまいます。

とくに声は感情のあらわれやすいものですから、感じのよい声でスピーチしたいと思ったら、口先だけでなく**心を明るくもつこと**です。

大きな会場でスピーチをするときはマイクを使うことになります。マイクで話すときは、大きな声や高い声を出すと声が割れてしまって聞きとりにくくなります。**マイクは口もとから20～30センチくらい離し**、低い調子の声で語りかけるように話します。

「間ぬけた」スピーチにしないために

いくらはっきりとした発音で、よい内容を話していても、はじめから終わりまで一本調子のスピーチでは、聞くほうはあくびが出てしまいます。いわゆる「棒読み」といった調子になってしまうのは、**抑揚《よくよう》（イントネーション）**が乏しく、**間《ま》のとり方**が上手にできていないからです。

あるときは高く、あるときは低く、あるときは強く、あるときはやわらかく、あるときは早く、あるときはゆっくり——

イントネーションを工夫することで、話の調子に変化が出て、**立体的で味のあるスピーチ**になるのです。

間《ま》とは、ことばの区切り方です。間を無視したスピーチは、つまり「間がぬけた」退屈なスピーチになってしまうのです。

つづけて発音すると誤解されるおそれのある言葉も、**適当な間をとることによって、聞き手に正確に伝える**ことができます。また、これから大事なことを話す、という直前に、**少し間をおくことによって、聞き手の好奇心をそそる**、そんなテクニックも有効です。

ただし、間をとろうとして「えー」や「あのー」、せきばらいの連発をするのは、聞き苦しいのでやめましょう。

自信をもって堂々とした態度で

自分がこれからスピーチをしようとすることに**自信をもつこと**です。自信がないとうつむきがちになり、話し方もボソボソと小さな声になってしまい、何を話しているのか聞きとれなくなります。

まずは**出だしが肝心《かんじん》**です。顔は正面を向き、背すじをピンと張り、はっきりした言葉で話し出すようにすると、それだけでも生き生きとした印象になり、聞く人は期待感をもってくれるでしょう。

スピーチをするときは、あまり「いい話をしよう」と**気負わないことが大切**です。**自分なりの話をすること**が人の心を打ち、感動を呼ぶのです。

よいスピーチとは、退屈な決まり文句や、美辞麗句《びじれいく》、ほめ言葉、会社のPRなどを並べたてることではありません。**「いかに話すか」よりも「何を話すか」に重点**を置いたほうが、人の心を引くスピーチができるはずです。

ポーズも大切

相手に信頼感を与えるスピーチをするには、**外見を整えることも重要**です。どんなにしっかりとしたスピーチをしていても、話の内容と外見のイメージが食いちがっていては、それはよいスピーチとはいえません。

スピーチをするときは、その集まりの性質をよく理解し、**場に応じた適切な服装**をするように心がけます。たとえ懇親のための集まりであっても、年長者として、あまりくだけた格好は避けるべきでしょう。

また、スピーチの**姿勢にも注意が必要**です。話すときの自分のスタイルに自信をもつように、大きな鏡の前で練習をするのもよいでしょう。

両足を少し自然に開いて、腰をまっすぐ伸ばし、胸は少し張りぎみにして、肩から力をぬき、からだの重心が両足に均等にかかるように**安定したポーズをとる**のが、スピーチの正しい姿勢です。

声に力を入れると、どうしてもアゴが突き出てしまうので、いつも引きぎみに心がけます。手はかるくからだの前で組むか、または両腕を自然にさげて、片手でもういっぽうの手の親指をにぎるのもよいでしょう。

話の最中にキョロキョロしたり、口に手をあてたり、髪をいじったり、鼻をこすったりするのはみっともないので、気をつけましょう。

また、話に夢中になると、首を左右に振ったり貧乏ゆすりしたりするクセのある人もいます。あらかじめ家族などに頼んで、練習のときにそのクセが出たら注意してもらうとよいでしょう。

周りへの配慮を忘れずに

スピーチを頼まれるときは、たいてい何分間くらいと時間が決められています。その**時間は絶対に超過してはいけません**。

とくに結婚披露宴のスピーチでは、会場の都合で披露宴全体の時間が限られていることがほとんどです。そんな中で長々としたスピーチを行っては、そのあとの式の進行を狂わせるばかりか、列席者のひんしゅくを買うことにもなってしまいます。

スピーチは、短い時間でキリッと引きしまっているほうが、聞き手に強烈な印象を残すものです。

長すぎるものよりも、**「もう少ししゃべってもいいな」と思うあたりで結ぶ**と、余韻《よいん》の残るよいスピーチとして聞く人に好感をもたれることでしょう。いい足りなかったと思うところは、あとのスピーチでおぎなってくれるものです。**あとの人にある程度の余地を残しておくのが、大人のエチケット**というものです。

また、祝辞などで**最初に指名**を受けてスピーチをする場合は、**周りの年長者や同輩への配慮も必要**です。

スピーチの冒頭に

「ほかに先輩方やご年長の方もおいでになりますのに、まことに僭越《せんえつ》で恐縮に存じます」

「ご列席の皆さまをさしおきましてご指名にあずかり、痛みいるしだいでございます」などと一言加え、周りへの配慮の気持ちをあらわすとよいでしょう。

状況把握を的確に

スピーチの内容は、**場所、聞き手の層、季節などの状況にマッチしたもの**でなければなりません。また、その集まりの中で、**自分がどのような立場でスピーチをするのか**を、よく理解していなければいけません。

会の進行の流れをよく把握して、話す内容もそれに合わせる必要があります。スピーチを行う**状況をできるだけ正確に予測して話す**内容を決めましょう。

話の内容を前もって原稿に書いておくことは、当日あわてないためにも有効な方法ですが、原稿をそのまま読むことはできるだけ避けたいものです。原稿を見ながらその通りに話せば確かにミスはありませんが、どうしても朗読調になってしまって、いくら内容が立派でも聞き手の心を揺さぶることはできません。

原稿は万一のことを考えて手元に置いておくか、大筋の流れを暗記して原稿なしで話すのがよいでしょう。

また、ある一つの集まりで行うスピーチというものは、どうしても似た内容や表現が出てきがちなものです。とくに金言《きんげん》や名句などは非常に重宝なもので、引用するものもある程度限られますから、ほかの人と重なってしまうことが多いようです。

ですから、あまり原稿に頼り切らずに、前の人の話の内容や、**その場の雰囲気によって、臨機応変《りんきおうへん》に話ができることが理想**なのです。用意した原稿の内容がほかの人に話されてしまったときのために、**部分的に予備の内容をいくつか準備**しておくのも有効でしょう。

このような**慎重な心構え、細心の準備も、「大人のスピーチ」には必要**なのです。

大人にふさわしい敬語のマナー

「大人のスピーチ」には、必ず基本的に心得ていなければいけない言葉づかいの常識があります。それは、**「敬語を正しく使う」**ことです。

敬語には、**尊敬語、謙譲語、丁寧語の3種類**があります。**尊敬語は語りかける相手や話題にしている人に関して敬って表現**する言葉、**謙譲語は自分に関することをへりくだって表現**する言葉、そして**丁寧語は相手に対する自分の敬意をあらわす**ための言葉です。こうした敬語をわきまえて話をすれば、聞く人に美しく響きます。

ただし、不必要に敬語を乱発するのは逆効果で、形式的、虚礼的《きょれいてき》な印象を与えてしまいます。とくに、むやみに何にでも「お」や「ご」を使う人がいますが、使い方によっては非常におかしなものになり、常識を疑われかねませんので、注意しなければいけません。

敬語の使い方も、時代とともに変化していますが、いかに世の中が変わっても、目上の人や先輩には友人や目下の人に対するのと同じような言葉づかいをしないのが常識です。

また、いくら女性の意識が変わったとはいえ、粗暴《そぼう》な言葉を使うのはみずからの美しさをそこなうものでしょう。

敬語の使い方

基本動詞	尊敬語	謙譲語
いる	おられる いらっしゃる	おる
する	なさる、される あそばす	いたす させていただく
言う	言われる、おっしゃる おおせになる	申す 申しあげる
思う	思われる お思いになる	存じる
見る	ごらんになる	拝見する
聞く	お聞きになる 聞かれる	うかがう 承る
行く	行かれる、おいでになる いらっしゃる	うかがう、まいる 参上する
来る	来られる、おいでになる いらっしゃる、お見えになる	まいる
食べる	お食べになる 召し上がる	いただく 頂戴する

PART 2

冠婚葬祭のスピーチ

「喜び」、「慶び」、「歓び」、「悦び」。
「悲しみ」、「哀しみ」、「愛しみ」。
”よろこび“や”かなしみ“という言葉には、
その心情を繊細に伝え分ける、
多彩な表現が存在します。
人生の節目に、深く心に浸透する、
冠婚葬祭における大人のスピーチには、
集まった人びとの不安定な胸の高鳴りを、
上手にエスコートする役割があるのかもしれません。

結婚披露宴のスピーチ

結婚披露宴は、新郎新婦、または双方の両親が招待者となって、職場の上司や先輩・恩人・友人・親戚などを招き、新夫婦の結婚を披露するために開く宴会です。

結婚披露宴の中でももっとも重要な役割を果たすのが、媒酌人《ばいしゃくにん》・来賓《らいひん》・本人または両親などのスピーチです。披露宴の時間には制約があるので、一人が長々とスピーチをするのはいけません。**媒酌人のあいさつは5～7分、主賓や列席者の祝辞は2～5分が適当**な時間です。

スピーチは**明るい口調ではっきり**と。ユーモアを含んだものが披露宴のムードを明るく楽しくするものとして喜ばれます。

【忌み言葉】

披露宴の席上ではつぎのような言葉は**「忌み言葉」**とされています。スピーチの際には使うことを避けたほうがよいでしょう。

・別れる　・切れる　・終わる　・割る
・離れる　・嫌う　・あきる　・冷える
・死ぬ　・病む　・こわれる　・流れる
・返す　・涙　・再び　・重ね重ね
・またまた　・返す返す　…など

また、**数字の「四」は「し」**と言わずに**「よん」**などと言い、**「閉会」は「おひらき」**と言い換えます。

【参列のマナー】

父親の服装

モーニングかフォーマルなスーツ、または一つ紋以上の袴をつけます。

母親の服装

和服の場合は黒留袖、洋装の場合は、アフタヌーンドレスやイブニングドレスを着ます。

媒酌人・媒酌人夫人の服装

洋装ならモーニングまたはディレクタースーツ、和服なら紋服姿を。媒酌人夫人は和服なら黒留袖、洋装ならアフタヌーンドレス、またはイブニングドレスを着用します。

1

媒酌人のスピーチ

媒酌人のスピーチは結婚披露宴のトップを飾る重要な役目です。新郎新婦の結婚の立会人としてふさわしい言葉づかいや動作を心がけましょう。新郎新婦の紹介で名前や学歴を間違えないために、メモを卓上に置き読みあげてもよいでしょう。

一般的な媒酌人のあいさつ

このたびの東山・西岡ご両家のご慶事《けいじ》につきましては、かねてからご両家と懇意《こんい》にしていただいておりましたご縁《えん》によりまして、媒酌の大役を務めさせていただく光栄を担《にな》いましたので、一言、ごあいさつをさせていただきます。

自己紹介

新郎雄一君と新婦由美さんは、本日午後三時より、当ホテルの式場におきまして、おごそかにご結婚の式を挙げられ、めでたく夫婦の契《ちぎ》りを結ばれました。ここに、つつしんでご報告申しあげますとともに、みなさまとともに心からお喜びを申しあげたいと存じます。

おニ人のご経歴やお人柄につきましては、みなさまにはもう、よくご存じのことと存じますが、慣例《かんれい》にしたがいまして、ご紹介させていただきます。

新郎の雄一君は、東山正二郎氏のご長男で、M大学理工学部をご卒業ののち、T電機株式会社に入社されました。現在は同社研究室の一員として、重要な役割を果たしておられます。

学生時代には、ラグビーの選手でもあり、水泳やスキーなどのスポーツも得意であったというだけありまして、ごらんのとおり頑健《がんけん》そのものの体格をしておりますが、その反面、文芸や音楽にも親しみ、休日には、自分でつくった特製のステレオでクラシック音楽を聴くのを最上《さいじょう》の楽しみとするというご趣味ももっておられます。

新郎新婦の紹介

挙式の報告

新婦由美さんは、西岡春信氏の三女としてお生まれになり、A大学文学部を卒業され、現在S高等学校の講師を務めておられます。

生徒の信望もきわめて厚く、学校側からも強い要望もございましたうえに、お二人の意見も完全に一致いたしまして、結婚後もひきつづき、同校の講師をつづけられることになっております。

新郎同様、文芸、音楽に親しみ、テニス、水泳、スキーなどのスポーツにも堪能《たんのう》という、まことに趣味の豊かな女性でいらっしゃいます。

お二人は、その優《すぐ》れた才能や高い教養という点からみましても、洗練された趣味や豊かな情操《じょうそう》という点からみましても、その他あらゆる点から申しまして、これほどお似合いのご夫婦も少なく、またとないご良縁《りょうえん》だと存ずるしだいでございます。

とは申しましても、お二人はまだ年も若く、人生経験も浅いことでございますので、今後新家庭を築き、人間的成長をとげて、ご両親のご希望とみなさまのご期待に添いますためには、なにかとみなさまのご指導ご鞭撻《べんたつ》を仰がねばならぬと存じます。

なにとぞ末永くご庇護《ひご》を賜りますよう、新郎新婦に代わってお願い申しあげます。

本日は、ご多忙にもかかわらず、多数ご参会くださいまして、まことにありがとうございました。粗酒《そしゅ》・粗肴《そこう》ではございますが、新郎新婦の前途を祝して、十分ご歓談くださいますようにお願いいたしまして、私のごあいさつとさせていただきます。

支援のお願い

御礼

一般的な媒酌人のあいさつ

本日はご多忙中にもかかわらず、みなさまにおいでいただきまして、まことにありがとうございます。ただ今、森・市川ご両家のご婚儀《こんぎ》がおごそかに、かつ滞《とどこお》りなく行われましたことをご報告申しあげます。

さて、新郎勇人君は、N大学経済学部を優秀な成績でご卒業のあと、H株式会社営業部に勤務される前途有望な社員であり、かたわらスポーツ、音楽などにも趣味をもたれる活動的な青年であります。新婦有紀さんは、S女子大学文学部を卒業され、その後はご自宅近くの信用金庫に就職され、休日は料理、英会話など、バランスのとれた教養を身につけられた女性でいらっしゃいます。

このお二人はほんとうにお似合いのご夫婦であり、ご良縁であるとかたく信じております。そして、必ずやお二人協力し合い、励まし合って、すばらしいご家庭を築いていかれることでございましょう。

どうぞ、ご来賓のみなさまにも、お二人のために、今後ともご後援賜《たまわ》りますよう、幾重《いくえ》にもお願い申しあげてごあいさつといたします。

職場結婚の媒酌人のあいさつ【社長】

本日はご多忙中にもかかわらず、みなさまにおいでいただきまして、まことにありがとうございました。

新郎高木和也君と新婦水島彩香さんは、ただいま神前におきまして、おごそかに結婚の式を挙げさせていただきました。ここに媒酌人といたしまして、つつしんでご報告申しあげ、新夫婦をご紹介させていただきます。

新郎和也君は、すでにみなさまもご承知のように、現在、私の経営いたしておりますS工業の営業部第一課の主任として活躍いたしております。

高木君は入社当時は工場での勤務だったのですが、私は彼に営業の才があると見込みまして、工場から営業のほうへ移ってもらいました。すると高木君は、私の期待をうわまわる働きをみせてくれまして、月ごとに新しい販路《はんろ》を開拓し、わが社の発展に大きな貢献をしてきてくれたのであります。

その高木君が、相愛《そうあい》の人と新しい家庭を築かれることになったのです。それだけでも、私にとりましては非常な喜びでございますが、そのうえに、もう一つの喜びがございます。

と申しますのは、高木君の相愛の人、すなわち、新婦の水島彩香さんもまた、私どもの会社の社員であったということでございます。

彩香さんは、数カ月前まで経理部に勤務しておりましたが、きわめて優秀な仕事ぶりでございました。

性格的には非常に謙虚《けんきょ》で、しかも、だれに対しても思いやりのある、温かい心の持ち主という印象を私は受けておりました。

実は、かねがね私は、

「高木君と彩香さんが一緒になったらきっと似合いの夫婦になると思うのだが、どんなものだろう。」

と思っていたのでございます。

そちらにおります私の家内なども、

「今日は、なんだか我が子の結婚式のような気がする。」などと申しまして、朝からそわそわいたしておりましたが、それは、私もまったく同じ思いでございます。

和也君、彩香さん、おめでとう。どうか、二人で力を合わせて、幸せな家庭を築いていってください。

私どもは、この二人のめでたい門出《かどで》の日にあたりまして、心から二人の前途《ぜんと》の多幸を祈りますとともに、ご臨席《りんせき》のみなさまにも、この二人の上に今後とも変わらぬご庇護《ひご》を賜りますよう、せつにお願い申しあげるしだいでございます。

職場結婚の媒酌人のあいさつ【上司】

私は、総務部長としてお二人の上司という立場にありますが、実はこの日の訪れるのを内心ひそかに祈っておりました。職場の友情から出発して実を結んだお二人のご結婚が、今後、ともに過ごす年月の長さに比例してますます深められ、さらに美しい人間関係としてつづかれることを私はかたく信じて、本日の大役をお引き受けしたしだいでございます。

お二人とも同じ職場での共働きですから、仕事の面でも、家庭内でも十分な協力体制のもとに、今後ますますその優れた能力を発揮されることを期待しております。

さて、ここでひとつお願いがございます。それは他でもありません。新郎の村山君は当社サッカーチームの名フルバックであり、なくてはならぬスタープレーヤーであります。これからは職場とご家庭、そしてグラウンドと一人三役の役割をもたれることになるので、何かとたいへんだと思いますが、従来どおり、いやこれまで以上にがんばってもらわなくては、わが社サッカーチームの成績に影響いたします。

どうか新婦もこの点をご理解いただき、新郎に対していたわりとご協力をお願いいいたします。

終わりにあたりまして、ここにめでたく新しい門出をされた村山君、弘子さんご夫妻に対しまして、みなさまからの貴重なご体験やご教訓をいただくことができましたら、媒酌人といたしまして、このうえない喜びでございます。

ありがとうございました。

頼まれ仲人の場合

媒酌人といたしまして、ごあいさついたします前に、一言申しあげたいことがございます。

実は、このたびのご婚儀に際しまして、私ども夫婦がはからずも媒酌人たるの光栄に浴しましたが、今日までの労をおとりくださいましたのは、ここにご臨席《りんせき》くださっている川本栄三さんご夫妻でございます。

川本さんご夫妻の多大のお骨折りによって、このご良縁がめでたくまとまったと申してよろしいでしょう。

私は、新郎天野一郎君の勤務しておりますS建設事務所の所長を務めておりますす関係上、喜んで媒酌の役をお引き受けいたしたのでありますが、実際の媒酌の労は川本さんご夫妻がおとりになりました。どうぞ川本さんご夫妻、お立ちくだ

さいますよう。（拍手）

では僭越ながら私より新郎新婦のご紹介を申しあげます。

（以下、新郎新婦の紹介にはいる）

人前結婚式の媒酌人あいさつ

私は、従来のしきたりにとらわれない、若い二人の出発にふさわしい合理的な結婚式、そして友だちが相寄り相集まって、ともに盃《さかずき》をあげ食事をして祝うこの会合こそ、今日《こんにち》の理想的な結婚式であると思います。

このように多勢の親しいお友だちの心からのご祝福のもとに、新しい人生にスタートされたお二人はほんとうに幸せ者というべきでありましょう。媒酌人の役を務めさせていただいた私ども夫婦もまたしみじみと光栄を感じております。

ギリシャの古い金言《きんげん》に、「優れた友は金銀にまさる宝である」と申します。日本でもむかしから「持つべきものは友」といわれております。

きょうのこの華やかな会場で、もっとも美しいもの、それは花嫁花婿であり、またみなさま方の友情であると申してよろしいでしょう。

新しい門出をなさったお二人が、このみなさんとの友情を末永く持ちつづけて、意義のある人生をともに歩みつづけられますことを、心からお祈りして、ごあいさつとさせていただきます。

再婚の媒酌人のあいさつ

みなさま。本日はお忙しい中を、ようこそお集まりくださいました。

私は、ただいまご紹介にあずかりましたように、上原透君と下村愛美さんのご婚儀ご媒酌人の役を務めさせていただいた中田健作でございます。

きょうは、ぜひ、肩の張らない、うちくつろいだ披露宴にしたいというお二人の意向《いこう》でございますが、慣例《かんれい》にしたがいまして、私から一言ごあいさつさせていただきます。

新郎の上原君は、現在T株式会社の総務課長を務めておられます。学生時代から、つねにクラスで一、二を争っていた秀才でございましたが、社会に出てからの活躍ぶりもめざましく、同期のなかでは、まず出世頭ということになっております。

新婦の愛美さんは、現在M幼稚園の先生をなさっておられます。子ども好きで、子どもからも好かれる方だと聞いておりましたが、まったくそのとおりのようで、上原君の二人のお子さんをまじえての交際のなかで、お子さんたちのほうが上原君より先に愛美さんとうちとけた仲になった、というのが実態のようです。

上原君が、こと恋愛に関しては非常に奥手であることは、私もよく知っていましたし、似合いのカップルと思ってお話を進めたものの、その進展に内心やきもきしていたのですが、今回はどうも、二人のお子さんがキューピッドになった格好です。「子はかすがい」と申しますが、こういう「かすがい」もあるものかと、私どもも喜んでおります。

愛美さんのお人柄からみて、私どもも、きっと愛美さんはよいお母さんになられると確信いたしております。それよりも、私どもとしては、肝心《かんじん》の旦那さん、上原君をお忘れなきよう、お願いしておきましょう。

少し冗談が過ぎたようですが、私どもは、いま、ここに新しいパートナーとして結ばれたお二人が、これからの後半生をむつまじく手をとりあい、助けあって、歩きつづけられるよう祈ってやみません。

ご臨席《りんせき》のみなさまにおかれましても、上原夫妻の門出を祝って、杯をおあげくださり、隔意《かくい》のないご祝辞やご鞭撻《べんたつ》のお言葉を賜りますよう、お願いいたします。

column

媒酌人

媒酌人のスピーチの重要な役割の一つが、新郎新婦の紹介です。このとき、あまりにも大げさなほめ言葉を並べると参列者をしらけさせてしまいます。それよりも、主役の二人がさわやかに映るような話し方をするとよいでしょう。
社長や上司として媒酌人を依頼された場合など、新郎新婦のどちらかとしか面識がない場合は、事前に二人と会って、経歴や人柄、結婚までのいきさつ、二人のエピソードなどを確認しておきましょう。

2

来賓のスピーチ

来賓としてのスピーチは、自分の招かれた立場を理解し、新郎新婦の門出にふさわしい話題を選ぶようにしましょう。主役の二人に語りかけるときには、祝いの言葉の中に思いやりを忘れず、けっしてお説教口調にならないようにします。

新郎の上司の祝辞

金田君、おめでとう。菊薫るこのよき日に、美紀さんという美しい伴侶《はんりょ》を迎えられたことを心からお祝い申しあげます。

きょうは秋晴れの、さわやかなお二人の門出にはまことにふさわしい日であり

ます。どうぞこれからも、たとえ雨風の日はあっても、心の中ではいつもきょうの空のように澄みきった美しさでお暮らしになることをお祈りいたします。

金田君は、職場では誠実で、責任感が厚く、まことに信頼するに足る立派な社員であります。そしてこれまでも家に帰られれば、弟妹に慕われるやさしい兄さんであると聞いております。これからは新婦の美紀さんにとってたよりがいのある、思いやりの深いよい夫となられることは間違いありません。お二人のご家庭は冬のさなかでもほのぼのと春のようなあたたかさに満ちているであろうと想像いたします。

お二人の心の、ピッタリと合った明るい家庭こそ、金田君の今後の活躍をささえる力強い土台となるでしょう。どうぞお二人ともおたがいの長所美点を生かし合って、一歩一歩堅実に人生の歩みを進めていただきたいとお願いするしだいであります。

本日はほんとうにおめでとうございます。

エピソード　将来への励まし　結び

短い
スピーチ

新郎の会社社長の祝辞

本日はまことにおめでとうございます。また、このようなおめでたい席に、私どもまでお招きにあずかり、厚くお礼申しあげます。

私もいろいろな会合にお招きにあずかりますが、なんと申しましても、ご結婚の披露宴くらい心からうれしく、おめでたいと思うことはありません。新郎新婦の晴れ姿はいつ見てもいいものです。新郎の達也君は、ご媒酌の方からただいまご紹介がありましたように、資質のすぐれた明朗温和《めいろうおんわ》な青年で、会社にありましては上司・同輩の信頼が厚く、後輩からは目標とされ慕《した》われる模範的な社員であります。

願わくば、幾久《いくひさ》しく相むつみ、協力して、家庭建設に精進《しょうじん》されますよう祈りまして、お喜びの言葉といたします。

新婦の上司の祝辞

このたび井上、岡野ご両家のご婚儀にお招きをいただき、まことに光栄に存じます。つつしんでお祝い申しあげます。新婦理恵さんの上司として、一言ごあいさつさせていただきます。

理恵さんは、私どもの総務課に勤められてからもう三年になります。きわめてまじめに熱心にお勤めになっていらっしゃいまして、そのキビキビした仕事ぶりには、つねに感服しております。

このたびご結婚のお話をうかがいましたとき、私は「それはよかった」という気持ちとともに「これはちょっと困ったな」という感を抱きました。それは、ここで岡野さんにやめられると今まで彼女にまかせきりにお願いしてきた仕事をどうしようか、ということでした。もちろん代わってやってくれる人はいますけれど、岡野さんなみに熟練するにはやはり多少の期間が必要で、その間の仕事のやりにくさがまず私の頭に浮かんだわけです。

幸いに結婚されたのちも引きつづいて職場にとどまっていただける、ということで私もほっとしましたが、どうぞ今後いつまでも家庭と仕事を両立していただけるよう、新郎にもご理解あるご協力をお願い申しあげるしだいでございます。

きょうの幸福そうな理恵さんのお顔、そして凛々《りり》しい新郎のお姿を拝見しまして、やはり女性の幸福は家庭にあり、男性は女性を幸福にするためにあることを思い、責任の重大さをあらためて痛感いたしました。

理恵さんもご新郎の井上さんも、きょうの幸せと感激を末永く家庭に、仕事に、持続されることをお祈りいたしまして、私のごあいさつとさせていただきます。

短いスピーチ

上司の祝辞

本日は、このおめでたい席につらなることを得ました私は、なにものにもたとえようのない喜びに満たされております。

新郎塩崎遼君、新婦みどりさん、おめでとう。両家のご両親にも心からお喜びを申しあげます。新しいご夫妻が幾久《いくひさ》しくご幸福に、すばらしいご家庭を営まれますようお祈りいたします。

塩崎君は将来を期待される若手社員であり、みどりさんは美と知性を兼ね備えた女性にして、まことにこのうえなきカップルとして、もっぱら未婚の同僚の間では羨望《せんぼう》の的でございましょう。これからは、仲のよい夫婦ということでみんなの羨望の的になれるよう、夫婦相和《あいわ》して円満なご家庭を築いていってください。

願わくば前途ますますご多幸に、末永く栄えられることを祈ってお祝いの言葉といたします。

新郎の恩師の祝辞

ご指名にあずかりました結城でございます。本日はまことにおめでとうございます。新郎の春日健太君は、S高校に在学当時、私が担任教師として指導申しあげたのですが、本日めでたく結婚の式を挙げられましたことを、心からお喜び申しあげます。

春日君は、S高校からN大学に進まれましたが、高校在学中より柔道部で活躍され、大学へ進まれてからも年に一回は、必ず母校へ来られて後輩の指導にあたられました。

学業においても優秀で、現在社会人として活躍されている実情を、ご媒酌人はじめ来賓のみなさまからうかがうにつけても、当時の彼のまじめな勉強ぶりが思い出されます。

ご媒酌人のお話でうけたまわりましたが、ご新婦の彩さんはバレーボールの名選手だったそうですが、スポーツでからだを鍛えられた健康なお二人が、新たにご家庭を営まれますことは、正々堂々とスポーツマンシップを重んずる、高潔《こうけつ》にして明朗なご性格を実生活のうえに発揮されることを大いに期待してやまないしだいであります。

いつまでもお二人が幸福にお過ごしになられることを心からお祈りして、私のごあいさつを終わらせていただきます。

新婦の恩師の祝辞

ただいま、ご紹介いただきました古川正子でございます。

本日の新婦、谷口沙織さんは、S高校在学当時、私が担任教師としてご指導申しあげたのですが、そのころの沙織さんはテニス部で活躍され、活発で、元気そのもののようなお嬢さんでございました。

その沙織さんが、いまここに、まばゆいばかりの花嫁姿で、新郎のおそばにしとやかに座っておられるご様子を拝見して、私は名状《めいじょう》しがたい感慨《かんがい》のわき起こるのを禁じえません。

沙織さんと高校生時代の三年間をともにしただけの私でさえ、こういう気持ちなのですから、沙織さんがお生まれになってからきょうの日まで、手塩《てしお》にかけて育ててこられたご両親のお喜びはいかばかりでしょうかと、お察し申しあげます。

（新婦の両親のほうに向かって）

お父さま、お母さま、ほんとうにおめでとうございます。

（ふたたび、正面に向きなおって）

沙織さんは先ほども申しあげましたように、高校時代はテニスの選手として活躍され、級友たちから愛され、親しまれていらっしゃいましたが、いま思い出してみますと、けっして元気なだけのお嬢さまではございませんでした。

沙織さんは、高校在学中、芸術科目は音楽を選択しておられましたが、小学生のころからバイオリンを習っておられたそうで、毎年の秋に行われる文化祭では見事な演奏を披露され、満場の拍手を受けたこともございました。

沙織さんは、明るく活発なご性格とともに、芸術を愛する心をもった女性であると申せましょう。

沙織さんのこの好ましいご性格と優雅な心、そして深い教養は、このご立派な旦那さまと幸福な家庭をつくられ、ますます輝いていかれるだろうと信じて疑いません。

最後に、新郎さまにとくにお願いしたいことがございます。それは、どうか、この美しく、やさしい花嫁さんを大切にしていただきたいということでございます。旦那さまが大切になされればなさるほど、奥さまはますます輝いてまいりましょう。

では、末永くお幸せに――とお祈り申しあげて、お祝いの言葉といたします。

一般的な来賓の祝辞

本日は、小野・中川ご両家のご婚儀に際しまして、晴れやかな披露宴にお招きをいただきまして、まことに光栄に存じます。

新郎遼君と新婦奈々さんの人となりやご経歴などにつきましては、先ほどの媒酌の方のお話などをうかがいまして、まことにお似合いのご夫婦と存じます。

お二人は、ともに高い教養をおもちのことでございますし、それぞれ立派なご両親のもとで家庭教育をお受けになったことでございますから、家庭生活、夫婦生活というものは、いかにあるべきかということについても、十分お考えのことと存じますが、老婆心《ろうばしん》までに申しあげれば、家庭生活とか夫婦生活というものは、けっして社会生活と切り離されたものではなく、夫の社会人としての活動も、家庭生活、夫婦生活を基盤《きばん》として営まれるものだということであります。

新郎の遼君は、先ほどの媒酌人のごあいさつや、お勤め先の上司の方のご祝辞にもありましたように、優秀なエンジニアで将来の大成を期待されておられますが、これから先の長い生涯には、ときには研究に研究を重ねても、なかなか思うような成果が得られず、苦しんだり、悩んだり、ときには、ご自分の才能に疑問をもたれたりするようなときがないともいえません。そのようなときは、奈々さんは、やさしくいたわり、そして励ましておあげください。

そうすれば、ご主人は、希望をとりもどされ、研究をつづけられて、みごとにその研究を完成され、輝かしい成功を収められるということにもなるでありましょう。

このようにして収められた成功は、たんにご主人の成功であるだけでなく、奥さんの成功でもあるわけで、それが、すなわち、内助《ないじょ》の功《こう》なのであります。

このようなことは、お二人にとって、まさに「釈迦《しゃか》に説法《せっぽう》」で、今さら申しあげるまでもないこととは存じますが、せっかくのご指名でございますので、一言、祝辞がわりに思うところを述べさせていただきました。

新郎の取引先の祝辞

本日は、このように盛大なご披露の宴にご招待いただきまして、厚く御礼申しあげます。

新郎の桜井君は、私どもと取引きをはじめられてすでに四年となりますが、その間、ただの一度の間違いもなく、確実なお取引先として私も喜んでおつきあいをさせていただいております。

石橋をたたいて渡ると申しますが、桜井君の商売のやり方はそれに近いものがありまして、自分の実力の範囲を超えるムリはぜったいにしていません。そういう堅実本位の営業方針が実を結び、年一年と取引きは増加しておりまして、着実に発展してこられたのだと信じております。

若い方はとかく積極的になりすぎて自分の力以上の仕事をやりたがるものであ

りまして、それがうまくいけばよいが、ひとつ間違うとそれでおしまいになってしまう、こういう冒険をする商売人とは私どもでは安心してお取引きすることはできません。その点、桜井君のやり方なら、多少の不況を食っても必ずそれを乗り切っていくことができる、地力の強さをもっています。

その桜井君が、このたびよき配偶者遥さんを迎えられましたことは、まことに喜ばしいことでございます。

遥さんは簿記に長じられていて、ショップオーナーの妻としては申し分のない技能の持ち主であるだけでなく、明るい健康美あふれる女性で、ショップサクライの福の神ともなられるようなたのもしい新婦です。

どうぞお二人で心を合わせて一歩一歩階段を上るように、進歩の道を歩まれますように、将来の大成とご夫婦のご幸福、ショップサクライのご発展を心からお祈りして、私のお祝いのごあいさつとさせていただきます。

学生結婚を祝う担当教授の祝辞

政樹君、理恵さん、本日はおめでとうございます。
私は、新郎の木戸政樹君と新婦の大塚理恵さんが在学しておられますT大学法学部でお二人のゼミを担当しております中野と申します。

お二人は昨年の四月から、私のゼミで仲よく肩を並べ勉強しておりますが、結婚するほどにお二人の気持ちが進行しているとは、相談を受けるまでは気がつきませんでした。まだ三年生ですから、きちんと生活していけるのかと心配したのですが、彼らなりの覚悟と生活設計もあるようなので少し安心いたしました。

お二人の目的は二人でがんばって司法試験にいっしょに合格するということです。そのためにも、うわついた気持ちではなく、きちんと結婚し、落ち着いて勉強したいというのです。生活のほうも、奨学金とアルバイト代でなんとかまかなえるということです。

お二人が目的を達成し、ますます充実した素晴らしい家庭を築かれますことを期待し、お祝いの言葉とさせていただきます。

column

来賓

結婚披露宴の招待客を来賓とよびますが、一般的にはそのうち新郎新婦から一名ずつ主賓が選ばれ、来賓のスピーチの冒頭で祝辞を述べることになります。

祝辞では、結婚に関する名言・格言などを引用するのも効果的です。引用する場合は、その意味もあわせて説明するようにしましょう。
・結婚前には両目を大きく開いて見よ。結婚してからは片目を閉じよ。(トーマス・フラー)
・幸福とは、そのまま変わらないで続いてほしいような、そんな状態である。(フォントネル)
・夫婦とは二つの半分になるのではなく、一つの全体になることだ。(ゴッホ)

3

謝辞

結婚披露宴もいよいよ終わりに近づくと、主催者側として謝辞の形で両家の身内があいさつを行います。通常、新郎の父親が両家代表として述べますが、新郎に父親がいない場合などは新婦の父親が代わって述べます。

新郎の父親の謝辞

本日はお忙しい中、貴重なお時間を、このように多数のみなさまのご臨席を賜りまして、まことにありがとうございました。

新郎の父親として、両家を代表いたしまして、一言ごあいさつ申しあげます。

このたび、戸川哲夫様ご夫妻のご媒酌と、みなさまのご支援によりまして、増田大樹と高山みゆきの両名の結婚式を挙げることができましたことを厚く御礼申しあげます。

先ほどからみなさま方より身にあまるおほめのお言葉やらご祝詞を頂戴《ちょうだい》いたしましたが、二人ともまだ年若く、みなさまのご支援なくしては一人前に世帯を張っていくにつけましても、むずかしいことが多いと思いますので、なにとぞ今後とも両名に対し、ご指導ご鞭撻《べんたつ》くださいますようお願い申しあげます。

簡単ではございますが、両家を代表して、一言お礼のごあいさつとお願いを申しあげるしだいでございます。

なお、本日はみなさま方にせっかくご光来いただきましたにもかかわりませず、じゅうぶんのおもてなしもできませんでしたこと、また不行届きの点も多々ありましたことを深くお詫び申しあげます。

みなさま、ほんとうにありがとうございました。

今後の指導のお願い

結びの言葉

新婦の父の謝辞

私は新婦の父親の田中和久でございます。あいにく新郎の父が病気不参のために、私から一言お礼のごあいさつを申し述べさせていただきます。

本日、山口翼、田中成美両名の結婚式にあたりまして、みなさまにはご多忙の中をご臨席のうえ、心からなるご祝福を賜りましたことを両家を代表いたしまして、厚く御礼申しあげます。

ご覧のとおりまだ若年未熟の身でございますので、これから家庭を営みましてからも、みなさまのご支援ご鞭撻なくしては世の荒波を乗りきっていくこともむずかしいと存じます。どうぞ末永くご指導くださいますよう、よろしくお願い申しあげます。

本日は、わざわざご来臨くださいましたにもかかわらず、万事不行届きでたいへん恐縮いたしております。また、病気中の新郎の父、山口正三氏からも不参の失礼を深くお詫び申しあげてほしいとの伝言もございました。なにとぞご了承くださいますよう、お願い申しあげます。

みなさま、まことにありがとうございました。

親族代表のあいさつ

みなさま、本日はお忙しい中を、ようこそ、おいでくださいました。

私は新郎直樹の伯父《おじ》でございます。

先ほどから、みなさま方の新郎新婦に対してお寄せくださいましたありがたいご祝辞の数々をうかがっておりまして、

「直樹君たちは、こんなに大勢の方々から祝っていただいて、ほんとうに幸せだ。」と、胸が熱くなるような思いでございます。これは、新郎新婦たちも同様と存じ

ます。ほんとうに心からお礼を申しあげます。

私にも、親戚代表としてなにか話をするようにということでございますが、すでに、みなさま方から、夫婦として新しい生活に入っていくについての心構えなども、いろいろと聞かせていただいたことでございますから、このうえ、私からあらためてつけ加えて申すことは、なにもございません。


どうか二人とも、きょう、神前で永久《とわ》に変わらずと誓《ちか》いあった契《ちぎ》りを忘れず、また、いまこの席でこんなにも大勢の方がたから祝福をうけた感激をもちつづけて、いつまでも仲よく、信じあい、そして助けあって、立派な家庭を築きあげ、幸多く歩んでいってください。

それが、みなさまのご好意におこたえするただ一つの道でもあり、きょうまで二人を育ててくださった両家の両親の恩に報《むく》いる道でもあるのです。

みなさまにおかれましても、このうえともに両人をお導きくださいますよう、幾重《いくえ》にもお願いいたします。

結婚披露宴のスピーチ

知っておきたい用語集

28
慶事【けいじ】
結婚や出産などのおめでたいこと。祝いごと。

29
頑健【がんけん】
体が丈夫で、とても健康なこと。

31
鞭撻【べんたつ】
努力するように励ますこと。

庇護【ひご】
かばって守ること。

参会【さんかい】
会に出席すること。

粗酒粗肴【そしゅそこう】
粗末な食事と酒のこと。人にすすめる料理をへりくだっていう言葉。

32
前途有望【ぜんとゆうぼう】
その人の未来、ゆくてが希望に満ちており、将来が大きく開けていること。

35
臨席【りんせき】
会や式典などに出席すること。

39
僭越【せんえつ】
自分の地位や立場を越えて出過ぎた行いをすること。「自分のようなものが（スピーチを）行うのは恐縮ですが」といった意味合いで「僭越ながら」とスピーチの冒頭などで使われることが多い。

40
金言【きんげん】
手本とすべき内容をもつ優れた言葉のこと。格言。

43
隔意【かくい】
心にへだたりのある思い。遠慮。

46
明朗【めいろう】
こだわりがなく、明るくほがらかであること。

51
高潔【こうけつ】
人柄が立派で、私欲のために心を動かさないこと。

55
釈迦に説法【しゃかにせっぽう】
そのことを知り尽くしている人に対してわざわざ教えること。

61
光来【こうらい】
他人を敬って、その来訪をいう言葉。

62
来臨【らいりん】
人がある場所へ来ることを敬っていう言葉。

63
恐縮【きょうしゅく】
おそれいること。相手に迷惑をかけたり、厚意を受けたりして申し訳なく思うこと。

長寿祝い・金銀婚式のスピーチ

日本では、室町時代末期から、数え年61歳を還暦《かんれき》、同じく70歳を古稀《こき》、77歳を喜寿《きじゅ》、88歳を米寿《べいじゅ》…とよんで祝宴を開くようになりました。

賀寿の祝いには、**近親、友人、門弟、部下が主催し、本人を主賓として招く場合**と、**長寿を迎えた本人が自分で開く場合**とがあります。

このほか、最近は結婚記念日のうち、二十五年目の銀婚式、五十年目の金婚式に、親族や知人、友人などを招いて祝宴を開く場合が多くなってきました。

金銀婚式の祝いも、夫婦が招待者となり、家族や親戚、友人などを宴席に招いて行う場合と、子や孫が主催者となり、父母あるいは祖父母の結婚記念日を祝う場合とがあります。

・還暦《かんれき》（数え年六十一歳）
生まれた年と同じ干支に還《かえ》るところから「本卦還り《ほんけがえり》」ともいわれます。

・古稀《こき》（数え年七十歳）
むかしの中国の詩人杜甫《とほ》の「人生七十古来稀《こらいまれ》なり」の詩句からこの名がつけられました。

・喜寿《きじゅ》（数え年七十七歳）
喜の字を草書体で書くと七十七となることに由来します。

・米寿《べいじゅ》（数え年八十八歳）
米という字を分けると八十八になるところから米《よね》の祝いともいいます。

・白寿《はくじゅ》（数え年九十九歳）
百から一を引くと白となるところからつけられました。

【忌み言葉】

長寿の祝いや金銀婚式の席では、つぎのような言葉は「忌み言葉」とされています。不吉な言葉は、スピーチの際は使わないようにするのが礼儀です。

・死ぬ
・病む
・倒れる
・へこたれる　…など

1

長寿祝いのスピーチ

長寿の祝賀会は、一般的には宴会形式で行われます。参会者は祝賀の贈りものをするとともに、祝辞を送り、祝われるものはこれに答辞を述べます。年齢はすべて数え年で祝いますが、最近では満年齢で祝う場合も多くなっています。

還暦祝い発起人のあいさつ

本日は、まことにおめでとうございます。

本日の会は、あらためて申しあげるまでもなく、ここにおいでの内山岩雄氏

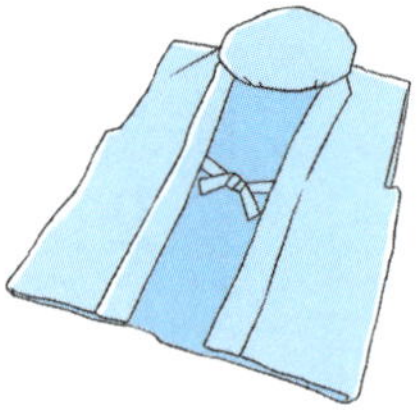

の還暦をお祝いする会でございまして、不肖《ふしょう》、私も発起人として名前を連《つら》ねておりますが、この祝賀会を開くことにつきましては、実は、本日の主人公である内山氏の強い反対がございました。

と申しますのは、内山氏は、ごらんのように、まだ髪も黒く、肌の色つやもまことによろしいので、私などがたまに一緒に料理屋などへ行きましても、四十代ぐらいに見られることがあるくらいです。

ご本人も大いにお若いつもりでおりまして、いまさら還暦祝いなどを開いて自分の年を思い出させてもらいたくない。――こういうのが内山氏の反対の理由でございました。まことに内山氏らしく正直でよろしいと思います。

しかし「それはもっともだ」といって引き下がったのでは、発起人としての役目が果たせません。

それで「還暦というのは、けっして老人の仲間入りをするということではなく、生まれた年の干支《えと》に還《かえ》ることで、いわば赤ちゃんに還る、若返りをすることだからよいじゃないか」と説いたり、「みんなが、あなたの還暦祝いで一杯飲める

エピソード

と楽しみにしているのに、あなたはその楽しみを奪うつもりか」と詰問《きつもん》したりしました。

そのあげく、私はじつは内山氏より五歳年下でございますが、内山氏は、「では、五年後に君の還暦祝いを僕が発起人になって開いてやるが、そのときにけっしていやだとはいわないと約束するなら、承知する。」と申されまして、私もなんだか妙な気持ちがいたしましたが、やっと同氏の承諾《しょうだく》をかちとり、本日、ここにめでたく祝賀会を開く運びとなったしだいでございます。

本日の祝賀会は、はじめ内山氏のご希望でごく内々で開く予定だったのでございますが、伝え聞いた方がたが、ぜひわれわれも出席させていただきたいと申し出られまして、このように大勢の方がたにお集まりいただき、にぎにぎしくお祝いすることになりましたのは、やはり内山氏の人徳によるものと存じます。

内山氏は、事実五歳年下の私からみましても、私などとても及ばないほど旺盛《おうせい》な体力と気力をもっておられます。

今後、ますますご自愛くださいまして、長寿を重ねられ、業界の発展にお力をお尽くしくださるようお願いして、私のあいさつとさせていただきます。

市の功労者喜寿祝いでの祝辞

本日は、わがM町の長老であられる西川重一氏の喜寿《きじゅ》祝賀会にあたり、私も末席につらなって、一言、お祝いの言葉を申し述べる機会を与えられましたことは、まことに光栄至極《こうえいしごく》に存ずるしだいであります。

西川氏は、当市のご出身で、E商業学校をご卒業後、家業の呉服店を継がれましたが、三十代の半ばに町会議員に立候補、以後、連続五回当選ののち、県会に出馬せられました。

その間、わが町政のため、また県政のために尽くされました功績は、まことに大きなものがございますが、それ以上に私どもの忘れられないのは、○○年、M町の町長に就任せられてからの業績でございます。

衆望《しゅうぼう》を担《にな》って町長に就任された西川氏は、八方奔走《はっぽうほんそう》の結果、T株式会社の第二工場の誘致に成功しました。以来わが町は急速に発展し、○○年には、ついに隣接町村を合併して、S市として、住民待望の市制が布《し》かれるにいたったのであります。

また、西川氏は、市制施行と同時に行われました市長選挙で圧倒的多数の支持を得て初代市長に当選されましたが、市立総合病院の創設、中・小学校の新設、道路の改修等、その業績は数えるにいとまがありません。

わがS市政のレールは、西川氏の手によってしかれたのでありまして、われわれ後進はただその上を走っていけばよいのであります。その点私どもは、まことに恵まれていると申さなければなりません。

私どもは、今後とも、西川氏のお教えにしたがって、市政を進めていく決心でございますが、不敏《ふびん》のため、ときに過《あやま》ちを犯すことがないとも限りません。

そのようなときは、ぜひ、ご注意をいただきたいのであります。

正直のところ、私どもは、西川氏がいつでも見守っていてくださるというだけで、たいへん心強い気がいたすのでございます。どうかこのうえともにご自愛《じあい》くださいまして、さらに長寿を重ねられまして、今後とも折にふれ、事につけてご助言を賜りますよう、お願いいたすしだいでございます。

はなはだ粗末《そまつ》な言葉でございますが、これをもちまして私の祝辞とさせていただきます。

経営者米寿祝いでの祝辞

本日は、山中幸吉氏の米寿のお祝いでございまして、まことにおめでとうございます。

私も、長年知遇《ちぐう》をかたじけのうしてまいりました者の一人として、この賀宴に列するを得まして、まことに光栄に存じます。

私も、これまで還暦や喜寿のお祝いにお招きいただきましたことは、いくたびかございますが、米寿のお祝いにお招きいただくというのは、この年になって初めてのことでございます。この初めての喜びをお分かちくださいましたことにつきまして、山中氏に対しまして、重ねてお礼を申しあげます。

私がいつか読んだ本に、

「古来、人がこの世において求めてきた幸福というものは、つきつめると、〝愛〟と〝富〟と〝長寿〟の三つになるが、そのうちで、もっとも手に入れにくいものは〝長寿〟だ。」

というようなことが書いてございましたが、たしかにそのとおりだと存じます。

愛は、こちらが誠心誠意《せいしんせいい》人を愛すれば、相手もそれに応《こた》えてくれるようになりますし、富は、その人の腕しだい、努力しだいで、ある程度の富を握ることは可能だといえます。

しかし、長寿だけはそうはまいりません。今日《こんにち》では、医学の進歩によって、われわれの平均寿命も八十何歳かまで延びたということでありますが、それでも八十八歳を越える長寿に恵まれるということは、きわめてまれな例といわなければなりません。

山中氏は、みなさまもすでにご承知のごとく、青年時代の努力によって水産加工業を興《おこ》され、富を築かれました。すなわち、古来、人がこの世において追い求めてきた幸福の一つである〝富〟をすでに得ておられるのであります。

また、先年、不幸にして夫人を失われましたが、この夫人は、山中氏の相愛の奥さまであったとうかがいますし、三人のご令息《れいそく》、二人のご令嬢《れいじょう》、それに、十七人のご令孫《れいそん》、十一人のご曽孫《そうそん》はみなご健在で、山中氏の興されましたM株式会社を中心に、わがK市の産業界の中心となって、それぞれ華々しく活躍しておられます。富と同様に幸福の一つである〝愛〟をもすでに得ておられるのであります。

そして、今日《こんにち》、ここにめでたく八十八歳のお誕生日をお迎えになり、三大幸福のうちもっとも手に入れがたいものである〝長寿〟をも手に入れられたのでございます。

短い
スピーチ

この三つの幸福のうち一つを得てさえ、あの人は幸福な人だと祝福されるのが普通でありますが、その三つの幸福を一身に集められた山中氏は、たぐいまれなお幸せな方だ、と申しあげてよろしいでありましょう。

そのせいでございましょうか。こうして、にこやかなお顔を拝見しておりますだけで、私どもも、幸福を分けていただいているような、幸せな気分になってまいります。

どうか、ますますご自愛のうえ、長寿を重ねられ、私どもにも、この幸せな気分をいつまでも味わわせてくださるように、せつにお願いいたします。

米寿祝いでの知人の祝辞

おばあさん、きょうはおめでとうございます。

私は親戚という間柄ではありませんが、二十年も前からご子息の和夫さんと、兄弟のように親しくお付き合いを願い、きょうのこの内輪《うちわ》のお祝いに招いていただきました。たいへんありがたく存じます。八十八歳になられて、こんなに顔色もよくお元気でいらっしゃるのを拝見すると、元気がわいてきて、もっとがんばらなくてはという気になります。

どうぞこれからもお体を大切に、白寿までも長生きしてくださるようお祈りいたします。

還暦祝いの本人の謝辞

みなさま、本日は私の還暦をお祝いくださいまして、ご多用の中をわざわざお運びいただき、まことにありがとうございました。

私個人といたしましては、とにもかくにもきょうまで何とか無事に生きてまいったというだけのことでありまして、社会のために果たしてどれだけのことをしてきたかと振り返ってみますと、まことにお恥ずかしい限りでございます。それにもかかわらず、先ほどから、いろいろとみなさま方からお祝いのお言葉や、おほめのお言葉をいただきまして、実に身にあまる光栄と深く感激いたしておるしだいでございます。

還暦とは文字どおり暦《こよみ》がかえることでございます。私は生まれた干支《えと》をふたたび迎える身となりまして、人生をもう一度新しくはじめたい、そんな気持ちで、これまでのお礼とこれから先のご厚誼《こうぎ》をあらためてお願い申しあげるつもりで、みなさまにお出でいただいたしだいでございます。

生まれたての赤ん坊というつもりでみなさまにお導きいただきたい、とそう願っております。

俗に四十、五十はハナたれ小僧と申しますが、私もこの位で行きますと、どうやらやっと成人できた程度でありまして、ほんとうの人生はこれからであると考えております。そのつもりでさらに心をひきしめて努力するつもりでございますから、くれぐれもよろしくお願い申しあげます。

本日はなんの風情《ふぜい》もございませんが、ごゆるりとお過ごしくださいますよう、まことに簡単でございますが、これをもちまして私のお礼のごあいさつとさせていただきます。

column

長寿祝い

長寿祝いのあいさつは、その年齢に合った使い分けをすることが大切です。地域の功労者などの長寿祝いで祝辞を述べる場合はとくに、経歴を紹介しながらその業績をたたえ、これまでの苦労をねぎらいます。

また、謝辞でもっとも大切なのは、列席者への感謝の言葉を述べることです。自分がこれまで無事に過ごしてこれたのも周りの人びとのおかげ、という謙虚な気持ちで、これからの抱負などを述べます。

2

金銀婚式のスピーチ

銀婚式や金婚式の祝賀会では、招かれた客たちが祝辞を述べ、祝われる夫婦が謝辞を述べます。金銀婚式の祝宴は、プライベートな集まりである場合が多いので、あまり堅苦しいスピーチよりも親しいなごやかな調子で述べるほうがよいでしょう。

銀婚式での友人の祝辞

本日は、まことにおめでとうございます。

遠藤君ご夫妻が結婚されてから、きょうでちょうど、二十五年になるということは、先日ご夫妻からお招きのお手紙をいただいて、はじめて思い出したわけで

すが、そのお手紙を拝見して、

「あれからもう二十五年になるのか。月日のたつのは、まったく早いものだ。」

と痛感いたしました。


きょうからちょうど二十五年前、遠藤君ご夫妻が、今日のこの豪華《ごうか》な祝宴とはちがいまして、きわめて簡素《かんそ》な結婚披露パーティーを催《もよお》されたとき、私も友人の一人として一席祝辞を述べさせられたのでありますが、実はそのとき、私は生まれてはじめての嘘《うそ》をついたのでございます。

その嘘と申しますのは、

「遠藤君は学生時代から正義感が強く、どんなことがあっても暴力をふるったことはなく、他人から殴りかかられるようなことがあっても、殴り返すことさえしなかった。」

というようなことを、私は言ってしまったのであります。


ところが、これは大嘘でありまして、当時の遠藤君は、少々怒りっぽいところがあり、一度、私とも取っ組みあいの大げんかをしたことがあるのでございます。

遠藤君を奥さんによく思ってもらいたいと思うあまりに、つい嘘をついてしまい、しばらく良心をいためておったのですが、それから何年たっても、ご夫妻の仲の良さばかりが聞こえ、遠藤君がカッとなって夫婦げんかになった、などという話は全く聞かないのであります。

遠藤君ご夫妻がきょうまで二十五年間、幸せな家庭を営んでこられました大きな原因のひとつに、奥さんがきわめて聡明《そうめい》で、カッとしやすいたちの遠藤君を、たくみに操縦《そうじゅう》して来られたことがあろうかと思われます。

二十五年前、ささやかな結婚披露パーティーを開かれた遠藤君が、今日《こんにち》の高い地位を占《し》められるにいたったのは、もとより遠藤君自身の優れた才腕《さいわん》によるものでありますが、その陰《かげ》に、どれだけ夫人の内助《ないじょ》の功《こう》があずかって力があったかは、はかるべくもありません。

そのうえ、お二人の間には、長男の啓介君と長女の恵さんという、立派なお子さんがおられるのです。まことにめでたい限りと申さなければなりません。

ここに、心からお喜びを申しあげますとともに、お二人がますますご自愛、ご自重をなされ、さらに二十五年後の金婚式にもまた、われわれをお招きくださるようお願い申しあげて、私のあいさつを終わらせていただきます。

短いスピーチ

銀婚式での来賓の祝辞

きょうは、おめでたい席にお招きくださいましてありがとうございます。

結婚二十五年目に迎える銀婚式は、まさにお二人の尊《とうと》い歴史であります。岡本さんご夫妻は結婚と同時に転職され、若いお二人が力を合わせて、今日のご商売の礎《いしずえ》を築いてこられました。お二人の努力とまれにみる夫婦愛が、きょうのよき日を実現なさったのだと思うのであります。今では、ご商売のほうも、ご子息が頼もしい働き手として加わり、繁盛《はんじょう》するばかりです。ときには、お店をご子息にまかせ、お二人でご旅行などをお楽しみください。

本日は、まことにおめでとうございます。

銀婚式での本人の謝辞

本日は、お忙しいところを私たち夫婦のためにお出でくださいまして、まことにありがとうございました。

そのうえ、みなさまからお心のこもったお祝いのお言葉をいただき、心にしみいるようにありがたくうかがわせていただきました。

銀婚式など、まことに面《おも》はゆい限りでございますが、私どもは実は、結婚式もろくに挙げておりませんわけで、それならむしろ銀婚式でみなさまにあらためてご披露をと思いつきまして、夫婦となりましてからあと、お世話になりました方がたにお出でいただいたしだいでございます。

二十五年のあいだ、何とか二人でやってこられましたのも、ひとえにみなさま方のあたたかいご支援のおかげでございます。ここにあらためて厚く御礼申しあげます。

先ほど、どなたかが仰せられましたように、私どもの二十五年間にわたる結婚生活にはほんとうにいろいろなことがございました。山道もあれば坂道もございましたが、そのためにかえっておたがいが励まし合い、助け合ってともに歩むことができたとも思っております。

その点、まことに恵まれた二十五年であったと、きょう、あらためて感謝いたしておるしだいでございます。

みなさまのお励ましに、またさらに心勇んで明日から同行二人の旅をつづけてまいります。どうぞいつまでもご声援くださいますようにお願い申しあげます。

今夕は、まことにありがとうございました。

金婚式での来賓の祝辞

本日は、大下正平氏ご夫妻の金婚式にお招きをいただき、一言お祝いの言葉を述べさせていただきますことは、私のもっとも光栄といたすところでございます。

今日《こんにち》、還暦、古稀といった長寿の祝いや、銀婚式、金婚式などの結婚記念日の祝いがございます。これらは、それぞれめでたいことに変わりはございませんが、しいて区別をつけるとしますれば、金婚式の祝いよりめでたいものはないように存じます。なぜかといえば、結婚生活が五十年もつづくということは、夫婦そろって息災でいるということで、きわめてむずかしいことだからでございます。

大下氏ご夫妻は、このきわめてむずかしいところの長寿を重ねられ、ここにめでたく金婚の祝宴を催されることになったのでございますが、ご夫妻の非凡さはそれだけではございません。

大下氏は、刻苦精励《こっくせいれい》して、今日《こんにち》のO工業株式会社を興し、いまなお当市商工会議所の会頭《かいとう》として、当市産業界の発展に指導的役割を果たしておられます。また夫人は、大下氏の私財《しざい》を投《とう》じて設立された大下育英会の理事長として、育英事業に力を尽くしておられるのであります。

私はここに、ご夫妻に対し、心からの祝意と敬意を表しますとともに、お二人がそろって長寿を重ねられ、喜寿、米寿の祝いはもとより、さらにダイヤモンド婚式をも催されて、われわれを喜ばせてくださるよう祈ってやみません。

金婚式での来賓の祝辞

金婚式おめでとうございます。

山下様ご夫妻には、ご結婚五十年目のよき日をお迎えになりまして、心からお祝い申しあげます。ご夫妻がご結婚以来そろっておすこやかに仲むつまじく過ごされ、社会的にもご活躍になり、今日《こんにち》に至られましたことは、まことにおめでたいきわみと存じます。

時代が進み、平均寿命が延びたといわれます今日では、高齢にして、なお若者をしのぐ意気ごみで活躍なさる方がたも少なくありません。どうかご夫妻にはこの金婚式を機会に、いっそう若々しくはつらつと人生を楽しまれますよう、心からお祈りいたします。

長寿祝い・金銀婚式のスピーチ

知っておきたい用語集

68 **発起人【ほっきにん】**
思いたって事を始める人。本書では、会を企画し、催した人。

69 **不肖【ふしょう】**
未熟で足りないこと。

70 **詰問【きつもん】**
相手を厳しく問いただすこと。

71 **自愛【じあい】**
自分で自分の身を大切にすること。自分の健康状態に気をつけること。同じ読みだが、「慈愛（いつくしみかわいがること）」とは異なるので注意。

72 **衆望【しゅうぼう】**
大勢の人たちから寄せられる期待や信頼。

不敏【ふびん】
才智や才能に乏しいこと。自分のことをへりくだっていう言葉。

74 **知遇【ちぐう】**
厚く待遇されること。

75 **令孫【れいそん】**
人の孫を敬っていう言葉。

曽孫【そうそん】
孫の子。ひまご。

78 **厚誼【こうぎ】**
情愛のこもった親しい付き合い。

79 **風情【ふぜい】**
味わいや情緒。

82 **聡明【そうめい】**
賢く、物事の理解が早いこと。

才腕【さいわん】
物事をてきぱきと処理する才能と手腕。優れた腕前。

87 **刻苦精励【こっくせいれい】**
自らを苦しめるほどに努力をし、勉学や仕事に心を打ち込んで励むこと。

弔事・法要のスピーチ

親しい知人・友人の死を聞いたら弔問《ちょうもん》（お悔《く》やみ）に行き、霊前に焼香《しょうこう》（神式では玉串奉奠《たまぐしほうてん》）します。

通夜《つや》は死亡の夜または翌晩に行われ、僧侶の読経《どきょう》のあと列席者一同が焼香し、時間に余裕のある人はしばらく遺体をまもります。

葬儀は近親者、親しい知人、友人で営まれ、つづいて会葬者が死者に別れを告げる告別式が営まれます。

弔辞とは、故人への最後の別れの言葉です。普通のスピーチとはことなり、**あらかじめ書いた文章を読みあげる形式**です。まず草稿をつくり、それを**奉書《ほうしょ》または巻紙《まきがみ》に書いて持参**します。

読み終わった弔辞は霊前にそなえて下がり、最終的には遺族のもとで保存されます。**薄墨《うすずみ》の毛筆で、丁寧に書く**ようにします。万年筆やマジックで書くのは正式でなく、相手に失礼にあたりますから絶対にいけません。

【忌み言葉】

「天寿《てんじゅ》をまっとうする」「大往生《だいおうじょう》をとげる」などという表現もありますから、死を否定的にとらえすぎる必要はありませんが、弔辞を読むにあたっては凶事としてあつかうことに変わりはありません。

弔辞や、弔事でのあいさつでは、凶事は重なってほしくない、ということから、いわゆる**「重ね言葉」は忌み言葉**とされています。

弔辞の文章に入れたり、あいさつの中で口にすることは避けたほうがよいでしょう。

・またまた　・かつまた　・繰り返す　・重ね重ね　・ふたたび　・再々　・再三　…など

1

通夜でのあいさつ

お悔やみの言葉は、控え目な低い声で簡潔に述べます。下をむいてもぞもぞと話すことのないようにしましょう。また、香典や供物を受けとるときは、「ありがとうございます」より「恐れ入ります」と礼を述べます。

お悔やみのあいさつ

このたびはまことにご愁傷《しゅうしょう》さまでございます。さぞ、お力落としのことでございましょう。

（香典《こうでん》を差し出しながら）形ばかりでございますが、どうぞご霊前へお供えくださいますよう。

通夜でのお悔やみ

このたびは、ご愁傷《しゅうしょう》のことと存じます。さぞお力を落とされたでしょう。

ご主人様のあまりに突然の訃報《ふほう》をうかがい、どう申しあげたらよいか、言葉もございません。

青信号中、横断歩道を渡っておられるとき、暴走トラックに突っ込まれたなんて、あまりにも残酷《ざんこく》です。

結婚して三年目、これからというときにあなたをおいて逝《い》ってしまわれたなんて……。なんという星のめぐりあわせでしょう。おいたわしくてなりません。

どうぞ、気を確かにもたれてください。私で何かお手伝いできることがありましたらなんなりとお申しつけください。

お悔やみに対する遺族の答礼

お忙しい中、早速お弔《とむら》いくださいましてありがとうございます。
生前はひとかたならずお世話になり感謝申しあげます。みなさまのご恩に報《むく》うことができませず、申しわけございませんでした。

私どももあまりの突然のことで、茫然《ぼうぜん》としておりまして、この先どうしていいものか、途方《とほう》にくれているしだいでございます。今後とも、何かと相談にのっていただくことが多いと存じますが、その節はなにとぞよろしくお願い申しあげます。

突然のことで、とり乱していて申しわけございません。

通夜での喪主のあいさつ

本夕は、お忙しい中をお越しくださいまして、まことに恐れ入ります。故人もさだめし、みなさまのご厚情を感謝いたしておることと存じます。

つきましては供養《くよう》のために、心ばかりのものを用意いたしましたから、どうぞ召しあがってくださいませ。

（通夜を終わるとき）みなさまのお志《こころざし》を十分にいただきまして、故人もさぞかし喜んでおることでございましょう。

あすのお勤めにさわりましても、と存じますので、このうえのお通夜は結構でございます。どうぞご自由にお引き取りくださいますように。

2

弔辞

弔辞は、故人を弔い送るだけでなく、故人の思い出と遺族へのお悔やみを語り、同時に生前の業績や故人の人柄などを参列者に伝える目的もあります。参列者や遺族にも自分の心の悲しみが通じるように書き綴ります。

社長への社員代表の弔辞

春いまだ浅く、寒気なお身にしみるとき、にわかに本社野口○○社長の急逝《きゅうせい》にあい、私ども社員一同の驚き、悲しみ、これをたとえるものなく、ただ暗夜に灯を失った思いでございます。

野口社長は、実に私たち社員にとりまして慈父《じふ》のような存在であられました。私たちは社長を中心に一団となって、社長の指揮のもとに一生けんめい働いてきたのです。

社長は仕事に完全を期する厳しさのあった反面、社員の心をおしはかって、ときに失策をゆるし、ときに相談ごとの相手になってくださり、私たちが少しでもよりよい人生、よりよい生活を過ごすことを念頭においておられました。

計画達成のために陣頭に立って叱咤激励《しったげきれい》されるばかりか、みずから奮闘努力《ふんとうどりょく》され、これが社員一同の士気を鼓舞《こぶ》して、みごと目標を達成したときその温顔は涙にあふれ、社員の一人ひとりに握手をくださったことがありました。その手のあたたかさ、心からいたわり喜んでくださったあのお顔――今、思い出してもなつかしく、悲しみに胸もふさがる思いがいたします。

いつまでも末永くご指導をいただきたかったのに、突然帰らぬ旅に立たれてしまったこの運命の無常はどこに恨《うら》みをぶつけてよいのでしょうか。

故人の業績

しかし社長、私ども社員一同は、社長の残された社会への大きな使命を受け継ぎ、ありし日のお教えにしたがって一致団結、志を堅くして社業に邁進《まいしん》することを、ここにお誓いいたします。どうか私どもの行く手を見守ってくださるようお願いいたします。

社長、お名残りは尽きませんが、どうぞ安らかなご冥福をお祈り申しあげます。

冥福を祈る

同業社長の弔辞

本日、××建設株式会社社長野口○○氏の葬儀に参列し私はつつしんで氏のご逝去《せいきょ》を悼《いた》み、あわせて当地建設業界のために失うところの大なることを深く悲しむものでございます。

故人は、立志力行《りっしりっこう》の人であるとともに、事業運営に明敏《めいびん》な有能な経営者でもありました。故人が創立し、その全精力を傾けて経営してこられた××建設株式会社がつねに前進をつづけ、今日《こんにち》の発展にいたったのは、まことに故人の身に備えられた優れた才幹《さいかん》と、たゆまない努力によるものであります。

故人は努力家であると同時に、誠実の人でありました。人間に対する純情な愛情を、部下に対する侠気《きょうき》を、つねに胸底に蔵する人格者でありました。故人に接する人びとは業界、会社に属する人と属しない人とを問わず、ひとしく一個の、人間野口○○に限りなき親愛の念を抱いていたのであります。

その野口○○氏、今や亡し、私は業界のためにも、私個人のためにも、偉大なる指導者であり親友であった彼を失って痛恨にたえません。そして故人の寄与されるところ大きかった当地の建設工業の進歩発展に、今後とも努力することを霊前に誓うものであります。

在天の御霊の安からんこと、また××建設のいっそうのご発展を祈り、生前のご指導に対し深い感謝の念を捧げて弔辞といたします。

短い
スピーチ

恩師告別式での会社社長の弔辞

「人生は無常、老少不定《ろうしょうふじょう》は世の常」といいながら、つい先日までお元気だった先生が、突然逝《い》かれてしまった今、私は、人生のむなしさ、悲しさに茫然自失《ぼうぜんじしつ》している状態です。

人生の中で恩人にめぐりあい、恩を受けられるのは幸せです。私は、先生のご指導により、M工業を興すことができ、今日《こんにち》までやってくることができました。大谷先生なくしては、今日の私はないといっても過言ではありません。それなのに、私はただ恩を受ける一方で、先生に何の恩も返せないままになってしまい、残念でなりません。

ここに先生のご冥福を祈り、お別れの言葉といたします。

部下への弔辞

つつしんで故大島○○君のご霊前に申しあげます。あなたがK病院に入院されましたのは、桜の散りはじめた四月中旬でありました。その後、経過良好というお知らせに安心しておりましたのに、にわかに容体急変されて、ついに永眠されたという悲報に接して、まったく茫然自失したのであります。

元気で、仕事に取り組んでおられた、あの熱意あふれるあなたのお姿に、もう接する術《すべ》もないと思いますとき、人生の無常を痛感し、寂寞《せきばく》の思いに身もしめつけられる悲しさです。

あなたは七年前、わが社に入社され、以来営業部にあってつねにきわめて熱心に勤務され、とくに先年新製品○○の発売にあたっては、関西の取引先を奔走《ほんそう》して、販路開拓に文字どおり粉骨砕身《ふんこつさいしん》されました。その結果、予想以上の業績をあげることができ、以来社業は一段と発展をみるにいたったのであります。

その努力と功績に報いるべく、昨年四月、営業部副部長の重責をもって、社は今後のご活躍にさらに多大の期待をかけていたのでありました。

しかるに今、前途有為《ぜんとゆうい》のあなたを失うことは、社にとっても大きな痛手であり、実に痛恨のきわみであります。われわれ社員一同もまた、衆望と信頼を集めておられたあなたを失って、悲嘆と哀惜の念にうたれないものはありません。

しかもご家庭にあってはよき夫として、よき父として幸福な生活を営んでいらっしゃいました。それだけにご遺族のご悲嘆は、拝察するだに胸のふさがる思いがいたします。

およばずながらわれわれ一同も、今後できる限りお力になりたいと心に念じております。

大島君、どうぞ心安らかにお眠りください。あなたのご冥福を祈り、これをもって最後のお別れの言葉といたします。

店員への店主の弔辞

つつしんで、藤島○○君の霊前に申しあげます。

思い出せば、君が私の店に来たのは、十年前の桜の花の咲きはじめたころでした。

生来《せいらい》、向学心に富んでおられた君は、誠実に勤務にあたりながら、「今後十年ないし十五年間で、独立して自分の店を経営したい」との計画を立てられ、私もまた、できるだけの協力をしようと約束を交《か》わしました。

以来今日《こんにち》まで、君は、文字どおり陰ひなたなくよく働き、店の発展に力を尽くされる一方、貯蓄に励み、着々と独立の準備を進めてこられました。

そのうえ、君は、周囲の人たちに大きな感化の力をもっていました。後輩に対しては愛情と熱意をもって導き、お客様に対しては真心をもって応対し、まことに模範店員として内外から敬慕《けいぼ》されておられたのであります。

しかるに、平成○年×月×日、私は、この日を永久に忘れることはないでありましょう。

この日君は、久しぶりの休暇を故郷に母上を見舞うといわれて、駅へ急ぐ途中、思わざる交通事故によって忽然《こつぜん》として不帰《ふき》の客となられたのであります。

生者必滅《しょうじゃひつめつ》、会者常離《えしゃじょうり》は浮き世のならわしとは申しながら、あんなに若くて元気だった君が、念願の独立の日をあと一、二年に控えて、忽然《こつぜん》としてあの世に旅立たれようとは……。

私には、いまもって現実とは思えず、茫然自失《ぼうぜんじしつ》、いうべき言葉すら見いだしえないのであります。


藤島君。

君もさだめし残念なことでありましたでしょう。われわれもまた残念であります。

しかしながら、君は、息をひきとられるにあたって、

「独立経営の僕の夢は、弟に継がせてください。」

と言われ、私も、

「わかった。必ず君の夢を実現させよう。」

と約束しました。

君の弟である○○君も、君の薦《すす》めで、三年前から、当店に勤務しておられますが、君の年来の念願はもとより知っておられ、

「兄に代わって、ぜひその念願を果たしたい。」

と誓っておられますから、遠からずして、君の夢が実現される日は訪れるでありましょう。

されば○○君が霊、安らかに瞑せられんことを。

町内有力者への弔辞

つつしんで岩波○○さんのご霊前に申しあげます。

あなたは当西沢五丁目町内会長として、長く当地区の指導的な立場にあり、その豊富なご経験と卓越した才能をもって、私たち住民をお導きくださいました。

さらに民生委員として、悩める人のよき隣人として尽くされ、ご自分の商売も忘れて、区役所や社会福祉事務所に毎日のように足を運ばれ、少しでも苦しむ人の悩みを救おうと骨をおっておられました。

またあなたは、町内会を住みよくするためにつねに力を傾けられました。交通安全運動に、防犯活動に、防火防災に、町の清掃に、つねに先頭に立たれ、メガホンを、ときにほうきを手に一生けんめいになっておられたあなたの姿は、どんなにかわれわれ住民にその運動の重要さを知らしめたことでしょう。

また、あなたはＰＴＡ会長として学校施設の整備拡充、学校と家庭との深い連携《れんけい》のためにも尽力されました。

いま、地区の中心であったあなたを失って、私たちの悲しみはまことに深いものがあります。

朝夕に私たちに笑顔でこたえておられたあなたの温容は、すでに町内のどこにも見ることはできなくなってしまったのです。

しかし、岩波さんのご意志を継いで、われわれ町内役員はじめ町内有志一同は、あなたがかたときも忘れなかった愛情の町づくりに、今後一生けんめいに励んでいくことをご霊前にかたくお誓いして、お別れの言葉といたします。

どうぞ安らかにお眠りください。

町内会会長の弔辞

磯部○○さんのご霊前に、N町商店会を代表して弔辞を述べさせていただきます。

磯部さんの経営されていた磯部時計店は、昨今の大型店舗にはないきめ細かいサービスと行き届いたアフターケアで地域と密着していました。このことは、ほかならぬ磯部さんの人となりを語って余りあるものがありました。

磯部さんは町内活動にも率先して参加され、地域の活性化の縁《えん》の下の力持ちでもありました。大手スーパーの進出で、われわれ商店街の店は経営がむずかしくなったときも、いろいろ相談し合ってきました。同じ商店街で好況・不況にともに左右されながら、乗り切った先輩を失うことは耐《た》え難《がた》い寂しさがあります。

磯部○○さんどうか安らかにお眠りください。

商店会有力者への弔辞

増田屋店主増田○○さんのご霊前につつしんで申しあげます。

あなたは当N地区において増田屋商店を営業され、多大の信用を得られて繁栄発展の実をあげてこられました。

二十年を越える長年月にわたって、商店街発展のために先頭に立って尽力されましたことは、地区のすべての人のよく知ることであり、まことに感謝にたえないところであります。

また私個人にとりましても、長年あたたかいご指導ご厚情をいただいたことを、深く感謝いたしております。

そのあなたが、いま忽然《こつぜん》としてあの世へ旅立たれましたことは、私ども商店連合会の一同にとりまして、ただ驚き悲しみの他なく、なす術も知らぬありさまでございます。

今でもまぶたを閉じれば、あなたの温顔、あなたのがっしりとしたお姿、明るい笑い声が私どもの心を包んでくれます。

あなたはご自分の利害を忘れて、公共福祉のためには東奔西走《とうほんせいそう》、席あたたまるひまもなく、全力を尽くす情熱の人でありました。

当商店街が道路を整備し、交通の安全を確保し、市民のショッピングセンターとして近代化し、その繁栄を誇るにいたるそのかげにあったあなたの努力をわれわれは、いつまでも肝に銘じて忘れません。

増田さん、安らかに眠られんことをお祈り申しあげ、いつも親しく導いていただいた商店連合会一同の、お別れの言葉といたします。

殉職者への労働組合代表の弔辞

松田○○君。

私たちは、いま、悲しいお別れのときに立っております。

君は、○○年に当A鉄道株式会社に入社なさってから、駅員として、はたまた乗務員として、業務に精励《せいれい》される一方、衆望《しゅうぼう》を担《にな》って、職場代表として、当A鉄道労働組合の各機関に参画《さんかく》せられ、組合の組織運営にたずさわってこられたのであります。

しかるに、今回、君は、夕刻の帰宅ラッシュに勤務中、人波に押されてホームから線路上に転落した一幼児を救おうとして線路上に飛び降り、からくも幼児を救うことはできましたが、君は一瞬遅く、進入してきた列車に触れて、尊い犠牲《ぎせい》となられたのであります。

その報を耳にした私たちの驚き、そして、悲しみはいかばかりであったか……。

みなしばし茫然《ぼうぜん》として、一語を発する者もありませんでした。

それから、きょうまで三日間、私たちは、ありし日の君の姿をしのび、また組合の諸会議での君の発言などを思い浮かべては、いまさらのごとく、君の急逝《きゅうせい》が私どもの心にいかに大きな空虚を残したか、君の存在のいかに大きく、かつ重かったかを、あらためて知らされたのであります。

まして、君を一家の柱とも頼んでおられたご家族の方がたのご心中に思いをいたすとき、そのご悲嘆《ひたん》はいかばかりかと拝察《はいさつ》して、胸をえぐられるような思いを感ぜずにおられません。

会社側におきましても、事故の直後、緊急会議を開いて、

「ラッシュ時には、状況に応じてホームへの入場制限等の応急処置を講《こう》ずるとともに、抜本的《ばっぽんてき》対策として、主要駅のホームの拡張《かくちょう》計画を練る」

と発表いたしましたが、私ども、組合員一同も、

「松田君の死をむだにするな」

の合い言葉のもとに、この応急改善処置の即時実行と抜本的対策の早急実施を会社側に申し入れ、その実行を監視することを申し合わせました。

これが、あとに残されたわれわれの、君の尊い犠牲に報《むく》いる唯一の道であると存じます。

以上、この悲しいお別れのときにあたって、つつしんで君の霊前にご報告申しあげますとともに、君の遺志を継いで、組合の健全な発達のために今後いっそう力を尽くすことをお誓いして、弔辞といたします。

3

遺族のあいさつ

喪主のあいさつは、通常、出棺の際に行いますが、葬儀や告別式の最後に行う場合もあります。悲しみの中にある遺族にとっては、あいさつを述べることもたいへんなものです。長く話す必要はなく、会葬者への感謝の気持ちを、思いをこめて伝えればよいのです。

告別式での喪主のあいさつ

一言ごあいさつを申しあげます。

私は、故人松原○○の長男○○でございます。

本日は、みなさま、なにかとご多忙の中を、かくも多数ご会葬くださいまして、まことにありがたく存じます。

会葬へのお礼

そのうえ、ご丁重なるご弔辞をちょうだいいたしまして、故人の霊もさぞかし深く感銘いたしていることと存じます。

病中は、みなさまから、いろいろと手厚いお見舞いをいただきまして、父も、いま一度再起して、みなさまのご好意に報いたいと申しておりましたが、天命はいかんともしがたく、今日《こんにち》、ここに、長い間ご厚誼《こうぎ》を賜りましたみなさまとも、永劫《えいごう》のお別れをいたすこととなったしだいでございます。

ここに、故人に代わりまして、生前のご厚誼《こうぎ》を深く感謝申しあげますとともに、今後とも、私たち遺族のため、変わりなきご厚情《こうじょう》を賜りますよう、幾重《いくえ》にもお願い申しあげます。

これをもちまして、お礼の言葉といたします。

感謝

今後へのお願い

出棺の際の喪主のあいさつ

遺族、ならびに親族を代表いたしまして、みなさまに一言ごあいさつを申しあげます。

本日は、故武田○○の告別式のため、みなさまお忙しいところを、わざわざご会葬くださいまして、まことにありがとうございました。

生前ひとかたならぬご厚誼をいただき、さらにこのようにお見送りくださいまして、さぞかし故人の霊も深く感謝しておることと存じます。

今後、私ども遺族一同に対しましても、亡父生前と変わりなくご指導くださいますようお願い申しあげます。ありがとうございました。

出棺の際の親族代表のあいさつ

遺族、親族を代表いたしまして、一言ごあいさつ申しあげます。

私は故人の弟でございますが、喪主が年少の身でございますため、代わりましてお礼を申し述べさせていただきます。

本日はご多用中のところを、わざわざご会葬くださいまして、まことにありがとうございました。故人の霊もさだめしみなさまのご厚情を感謝しておりますことと存じます。

おかげさまで、告別式もとどこおりなくとり行うことができました。

なお、今後、遺族に対しましても、故人同様にご交際くださいますようお願い申しあげます。

はなはだ簡単でございますが、遺族および親族を代表いたしまして、お礼のごあいさつを申しあげました。

お見送りまことにありがとうございました。

告別式での遺族代表のあいさつ

遺族ならびに親族を代表いたしまして、一言ごあいさつを申しあげます。

本日は、故伊藤〇〇の葬儀にあたりまして、みなさまには、ご多忙にもかかわりませず、多数ご会葬くださり、かつ、ご丁重《ていちょう》なご弔辞をいただきまして、まことにありがとうございました。

故人の霊もさだめし、みなさまのご厚意《こうい》を感謝いたしておることと存じます。

また、故人の生前は、みなさまから、ひとかたならぬご厚誼《こうぎ》をいただき、病中も一再《いっさい》ならずご懇篤《こんとく》なお見舞いをいただきまして、私ども遺族一同深く感激いたしております。

私どもも、なんとかしていま一度再起《さいき》をと願っていたのでございますが、これが天命であったのでございましょうか、一昨日、八十一歳の高齢をもちまして、ついに眠るがごとく大往生《だいおうじょう》をとげ、本日、ここにみなさまとも永のお別れを申しあげることとなったしだいでございます。ここに故人に代わりまして、生前のご交誼《こうぎ》を厚く御礼《おんれい》申しあげるしだいでございます。

なお、故人の遺《のこ》しました事業は、故人の一人息子でありました○○が先年病死いたしましたため、○○の長男で、故人の孫にあたります○○が継ぐこととなっておりますが、なにぶんにも、まだ未熟者でございますので、故人と同様、よろしくご指導とご鞭撻《べんたつ》を賜りますよう、伏してお願い申しあげます。

本日はおかげをもちまして、とどこおりなく葬儀をとり行なわせていただくことができまして、まことにありがとう存じました。心から、お礼を申しあげまして、ごあいさつに代えさせていただきます。

葬儀終了の際の葬儀委員長のあいさつ

ご会葬のみなさま、本日はF商事株式会社社長福江○○の葬儀にお運びくださいまして、ありがとうございました。

ご承知のとおり、故人はF商事の創業者であり、三十年の長きにわたって業界のためにひたすら心身を捧《ささ》げてまいりました。その間、信用を重んじ、誠実をたっとび、日夜事業の発展に精励したその生涯は、まことに当社社員にとって師表とすべきであり、また同時によき父であったことを思うとき、私たちの悲しみは尽きるところを知りません。

しかしながら、私たち後輩は、故人が創業したわがF商事株式会社を継承して、今後いっそう努力し、故人の栄光をさらに光輝あらしめねばならない重大な責務を背負っております。

今後ともどうぞ社長在世のときと同様に、よろしくご支援のほどお願い申しあげます。

なお、ご令嗣《れいし》○○君もまだ少壮の身であられますので、どうぞ今後ご遺族のみなさまにもよろしくご協力くださいますよう、せつにお願い申しあげます。

本日は公私ともにご多忙の中を、まことにありがとうございました。

葬儀委員長としてつつしんでお礼を申しあげます。

4

忌日法要のあいさつ

仏事として死後七日ごとに法要を行います。七七日忌（四十九日）は忌明けといい、百カ日とともに親戚や親しい知人を招いて、法要を営みます。いずれの場合も喪主にあたる者が故人在世中の厚誼を謝し、故人を偲ぶ話をします。

亡父四十九日法要のあいさつ

本日は亡父の四十九日（七七日）にあたりますので、心ばかりの法要を営みたいと思いまして、みなさまにおいでを願いましたところ、ご多用中にもかかわらず多数の方がたにお運びいただきまして、遺族一同厚くお礼申しあげます。

参列へのお礼

みなさまご承知のように、父は七十年の生涯を菓子作りひとすじに歩んできました。幼少のころに叔父の店であった横浜の菓子屋に勤めたのがはじまりで、のちに日本橋に叔父の店の支店を出し、当地で独立して開業いたしまして以来、実に四十年、ここに集まってくださったみなさま方はじめ多数の方がたのご支援をいただいて、楽しく商売をさせていただいてきた、というのが生前の口ぐせでございました。

亡くなる前日に、虫が知らせたのでしょうか、私の顔を見て「お前も名実ともに二代目になったな。よろしくたのむよ」と申しました。

私も未熟でございますが、一生けんめいやっていく覚悟でございますので、どうぞみなさま方におかれましても、亡父に賜りましたご厚誼同様に末永く私どものためのご指導ご鞭撻を賜りますようお願いいたします。

今夕はせっかくご光来をいただきましたにもかかわらず、べつだんこれといった用意もなく、万事不行届きでございますが、なにとぞおゆるしくださいますようお願い申しあげます。ご覧のとおり粗末なもので恐縮でございますが、ごゆっくりお過ごしくださいますようお願い申しあげます。

故人を偲ぶ

今後へのお願い

結びの言葉

四十九日法要での遺族のあいさつ

早いもので、主人を失いましてはや四十九日が過ぎようとしております。

この四十九日の間、それなりに心の整理もさせていただきまして、主人の不在を受け入れられる状態に立ちいたることができました。これもひとえに、主人が生前にお世話になりましたみなさま方の温かいお心添えの賜物《たまもの》と、心から感謝申しあげます。

四十九日の法会のご焼香も終わりましたので、つつましいお膳《ぜん》ではございますが、亡き夫の追善供養のために、どうぞ箸《はし》をおつけくださいませ。思い出話などお聞かせいただければ幸いに思います。

本日はありがとうございました。

亡妻百日忌の夫のあいさつ

きょうは妻の○○が亡くなりましてから百カ日にあたりますので、心ばかりの法要を相営みましたところ、みなさまそろってお集まりいただきまして、まことにありがとうございました。

故人もさぞかし喜んでいることでございましょう。

妻が亡くなりました一月二十一日は、雪もようの寒いさなかでございましたが、今はもう新緑も見られる季節となりまして、百日は夢のうちに過ぎ去ってしまいました。

妻の在世中を顧《かえり》みますと、私は仕事で帰宅も遅くなりがちでありまして、ときには遅くまで飲みあるくこともございました。

若いころはつまらないことで争いもございましたが、子どもも大きくなりますと、もうすっかり根が生えたように落ちついて、少しばかりのことであわてたり、さわいだりすることはなくなってしまいました。

こちらはかえってそれをよいことにして勝手なこともしましたが、今回の発病にはこちらがあわてまして、できるだけ仕事も繰り合わせて看病に努めたつもりでございます。

妻もそれがうれしかったとみえて、苦しい病気の中でも新婚時代の思い出などを話したり、甘えるような気持ちでいたようですが、今から思いますと、なぜ一生を通じてもっと大事にしてやらなかったかと悔やまれてなりません。

お聞き苦しいことをお耳にいれましたが、これも仏への供養とひとつと思し召して、どうぞおゆるしいただきたいと思います。

column

通夜

通夜は死亡の夜または翌晩に行われます。故人と親しかった人はできるだけ参列するようにしますが、とくに交友関係が深くなかった場合は、原則として告別式に参列するだけで、礼儀は十分尽くしたことになります。

通夜に参列するときの服装は礼服でなくてもかまいませんが、ダークスーツで赤や光沢のあるネクタイは避けます。仕事帰りにそのまま参列する場合など、アクセサリー類を外すことを忘れずに。

告別式

通夜がすむと、一般的にはその翌日、葬儀と告別式が行われます。葬儀と告別式を一緒に行う場合や、葬儀は密葬で行い、告別式やお別れの会を別の日に行う場合もあります。

弔辞を読むときには、司会者の指名によって棺前に進み、一礼したのちに懐中から取り出して読み上げ、読み終わったらふたたび包紙に包んで霊前に深く一礼し、喪主に目礼して席に戻ります。

法要

仏式では死後七日ごとに七七日までの忌日があります。七七日忌(四十九日目)の忌明け、その後の百カ日がもっとも重要な忌日として法要が営まれます。神式では死後十日ごとに霊祭を行いますが、五十日祭、百日祭が重要とされています。

年忌法要は、仏式では一周忌、三回忌、七回忌、十三回忌、十七回忌、二十三回忌、二十七回忌、三十三回忌が、神式では一年祭、三年祭、五年祭、十年祭、二十年祭、三十年祭、四十年祭、五十年祭が、法要や祭事を行う時期になります。

5

年忌法要のあいさつ

法要の場で、普段集まる機会のない人たちが一堂に会うことがあっても、はしゃぐようなことは慎み、故人の回想を話し合う程度にとどめます。遺族のあいさつは、そういったけじめを感じさせるようなものに。

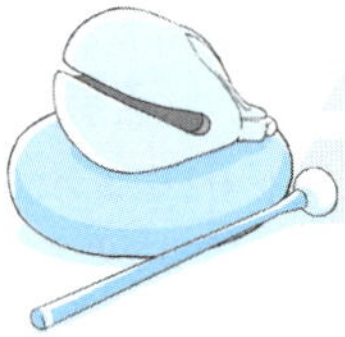

夫の一周忌のあいさつ

本日はお忙しい中をみなさまにお出でいただきまして、お礼の言葉もございません。

おかげさまで主人の一周忌を迎えることができまして、生前何かとご厚情をいただきましたうえに、その後もいろいろとお力ぞえをいただいて、今日《こんにち》まで無事に過ごさせていただいておりますのも、みなさまのあたたかいご親切によるものと、あらためてお礼の言葉を述べさせていただきます。

光陰《こういん》矢のごとし、と申しますが、夢のように一年間が過ぎてしまいました。幸い、私も子どもたちも健康に恵まれて、病気もせずにこのごろは生活も明るさをとりもどしております。

私は、ただ今、市役所の窓口係を務めさせていただいておりますが、今では仕事にも慣れまして、毎日元気に働いております。

長男の○○は中学三年生、長女の○○は小学校の六年生になりました。みな父の亡きあとは、幼いながらも私のいいつけをよく守って、一生けんめいに勉強してくれます。

生前、みなさまにご厚誼をいただきながら、何のお報いもできずに亡くなりましたうえに、また家族がご厄介をおかけしておりますが、これにお懲《こ》りなく、今後ともよろしくお引きまわしくださいますよう、くれぐれもお願い申しあげます。

長ながと申しあげましたが、きょうはどうぞごゆっくりおくつろぎくださいまして、何のおもてなしもできませんけれど、思い出話などお聞かせいただけましたらうれしゅうございます。では、お礼にそえてお願い申しあげます。

父の三回忌の法要のあいさつ

本日は亡父小泉○○の三回忌にあたりますので、心ばかりの法要を営みたいと存じ、みなさまにご案内をさしあげましたところ、ご多忙中にもかかわりませず、かくもお出でくださいまして感謝の言葉もございません。厚くお礼申しあげます。

おかげさまで父の死後、家業を継いで何とか商売をつづけさせていただいておりますが、これもひとえにみなさま方のご支援のおかげと、ありがたく思っております。

あれから二年のあいだ、いろいろなこともございましたが、そのたびごとに父が生きていたらどうしたであろう、とつねに父の商売に対する考え方、判断が心に浮かびまして、いつも父に相談して、その指示を仰ぐつもりで処理してまいりました。

やはり私にとりまして父は商売上、いやそればかりでなく人生の手本であったと思われてなりません。私も父に見ならって平凡ながら実直に家業に精励《せいれい》していきたいと決心しておりますから、どうかみなさまにおかれましても、亡父に賜りましたご厚誼《こうぎ》同様、いついつまでもいたらぬ私どものため、ご指導ご鞭撻《べんたつ》くださいますようお願い申しあげます。

今夕はこれといった用意もございませんで恐縮でございますが、どうぞごゆっくりお過ごしくださいませ。

七回忌法要での遺族のあいさつ

二十八歳で、これからというときに亡くなりました故菊地○○の七年忌を、ここにとり行う運びとなりました。

ときの流れは速く、七年の歳月は遠い過去に思えます。しかし、○○の惜しまれた死は、今も父母や友人の中に鮮明に残っています。改めて、亡き○○をしのび、あわせて七年間のみなさまの変化や抱負をお聞かせいただければ幸いです。

それでは、どうぞごゆっくりとお過ごしください。

創立者追悼会での遺族代表のあいさつ

本日は亡父の七回忌を記念して、会社の方がたにより、追悼会を催していただだき、生前お世話になりました方がたに、このように多数ご参会いただきましたことは、遺族一同深く感謝いたすところでありまして、生前に変わらぬご芳情《ほうじょう》を厚くお礼申しあげます。

父の六十五年の生涯は、けっして長かったとは申せませんが、ただこれ、仕事に終始いたしまして、自己の志す職業に自身を捧げ得た点、まことに充実した人生であったと存じます。しかもA電機という一つの会社を残すことができたということは、まったく今夕お集まりくださいましたみなさま方はじめ、幾多の先輩や知己の方がたのひとかたならぬお力ぞえの賜物でありまして、心から深く感動いたしておるしだいでございます。

私もまた現社長の指導のもとに、父の示してくれた道を進みたいと念じております。どうぞ末永くご鞭撻をお願い申しあげます。

簡単ではございますが、遺族を代表してお礼を申しあげます。どうもありがとうございました。

弔事・法要のスピーチ

知っておきたい用語集

92 **愁傷【しゅうしょう】**
嘆き悲しむこと。また、その悲しみ。

霊前【れいぜん】
死者の霊をまつった場所の前。

95 **厚情【こうじょう】**
心からの深い思いやりの気持ち。

97 **温顔【おんがん】**
おだやかな、あたたかみのある顔つき。

98 **立志力行【りっしりっこう】**
目的を定めて、それを成し遂げようと努力し励むこと。

明敏【めいびん】
頭の働きが鋭いこと。

---

99 **才幹【さいかん】**
物事を成し遂げる知恵や能力。

侠気【きょうき】
弱い者を助けて正義を行おうとする心。

100 **老少不定【ろうしょうふじょう】**
人の寿命には老若の定めがないこと。

茫然自失【ぼうぜんじしつ】
驚いてあっけにとられ、我を忘れること。

101 **寂寞【せきばく】**
ひっそりとして寂しい様子。心が満たされず寂しい様子。

粉骨砕身【ふんこつさいしん】
力の限り懸命に働くこと。

102 **前途有為【ぜんとゆうい】**
将来の活躍に期待がもてること。

拝察【はいさつ】
推察することをへりくだっていう言葉。

---

104 **不帰の客【ふきのきゃく】**
二度と帰らぬ人。死ぬこと。

生者必滅【しょうじゃひつめつ】
生命あるものは必ず死ぬときが来るということ。

会者定離【えしゃじょうり】
この世で出会った者には必ず離れる運命にあるということ。

107 **温容【おんよう】**
おだやかであたたかみのある顔つき。温顔。

110 **東奔西走【とうほんせいそう】**
あちこちへ忙しく走り回ること。

111 **精励【せいれい】**
精を出して努め励むこと。

121 **令嗣【れいし】**
他人の家の跡継ぎを敬っていう言葉。

123 **光来【こうらい】**
他人を敬って、その来訪をいう言葉。

PART

3

職場・地域でのスピーチ

組織を代表し、若年者に助言を与える
ピリッと引き締まったスピーチ。
あるいは、良好な地域コミュニティ形成の
一端を担う、ユーモアある和やかなスピーチ。
聞く人の心に響く大人のスピーチには、
場の雰囲気に臨機応変に対応する、
客観力が必要とされます。

歓迎・送別のスピーチ

入社式や就任式、退任式など、職場ではさまざまな歓迎・送別のスピーチの場があります。

入社式は、会社が、その年に入社する新入社員を一堂に集めて行うものです。**新入社員に対し、社会人として、また社の一員としての責任と自覚を持たせることを目的**にしています。

入社式での社長のあいさつは、**和やかな口調のなかにも、覚悟をうながす厳しさを内に秘めたもの**でなければなりません。

会社の理念、会社をとりまく環境や現状、自分の信条などをおりこんで、新入社員に望む社員像とは、という内容で話を進めます。

就任式や**退任式**では、まず、就任または退任をする本人があいさつを述べます。初めて就任のあいさつをする場合には、姓名をはっきり述べて印象づけましょう。これから就こうとする仕事の目的や使命感について述べ、**自分の抱負や方針について理解を得られるようなあいさつ**を心がけます。

もし、未経験の仕事に就任した場合は、それを伝え、自分の今までの経験をこれからどう生かしていくのかという抱負を述べます。

転任（退職）者を送るあいさつの場合は、その**転任（退職）を惜しむ気持ちを強くあらわす**ようにします。

転任（退職）者本人のあいさつは、これまでの思い出や印象に残ったできごとなどをふり返りながら、**周りの人にお世話になったことへのお礼の言葉を中心**に話を進めます。

仕事を後任者に引きつぐ場合は、その旨をしっかりと託すことも忘れずに。

また、自分の希望しない転任の場合でも、けっして不満そうな態度をあらわしてはいけません。

歓迎・送別のスピーチ

社長、店主などの歓迎のスピーチは、親しみの中にもけじめをつける厳しさを秘めることが大切です。また送別のあいさつには真心をこめて、励ましの言葉を本人に送るようにします。

入社式での社長のあいさつ

新入社員のみなさん、おめでとう。

みなさんは今日から、わがN株式会社の社員となられたわけです。

みなさんもきょうは、きっと大きな喜びと希望をいだいて会社の門をくぐられたことと思いますが、私もまた、みなさんにおとらぬ大きな喜びと希望をもって、この日を迎えました。

わが社は創業以来三十年、みなさんの先輩である社員諸君の一致協力によって、今日の隆昌《りゅうしょう》を見るにいたりましたが、きょうからは、新鋭《しんえい》のみなさんの力で、よりいっそうの発展が期待されるからであります。

みなさんには一日も早く業務の内容を理解し、実務に慣れていただきたいと願っておりますが、それとともに、わが社の創立以来のモットーである「和の精神」「一致協力の精神」を身につけてもらいたいのであります。

みなさんは、個人としてはきわめて優秀な人材であるにちがいありません。しかし、どれほど優秀な人材であっても、各自がたがいに協力する精神を忘れ、ばらばらに働いたのでは、その功を十分に発揮できるものではありません。

会社は一つの有機体《ゆうきたい》であります。その有機体のなかの各細胞が、めいめい勝手

歓迎　期待　企業理念

な心で、ばらばらに活動したのでは、会社全体の発展を助けるどころか、逆に発展を阻《はば》むもととなりかねないのです。

実務については、いずれみなさんの直接の上司なり先輩なりから適切な指導が行われるはずでありますが、以上、申し述べましたわが社の基本方針を理解されまして、N株式会社の一員として社務に精励《せいれい》されるよう、望んでやまないしだいであります。

これをもって、私の歓迎のあいさつを終わります。

入店式での商店主のあいさつ

みなさんの入店を心からお祝いいたします。

今年は就職競争も相当に激しくなりまして、当店の場合も五倍近い競争率となりましたが、その難関をみごとに突破されたみなさんは、それぞれに優秀な人たちばかりだと思います。

ご存じのように、当店は、当地でももっとも歴史が古く、お客さま方からも親しまれ、絶大なご信用を得ておりますが、駅前のショッピングモールの出現などによって、商戦はきわめて激しくなってまいりました。

このときにあたって当店がみなさんの活躍に期待するところは、非常に大きいのであります。

私は、これまでの経験から、商店というものは「信用を愛嬌《あいきょう》で売るものだ」という信念をもっております。

この信用というのは「お客さまに買っていただいて喜ばれる商品」と言ってもよいですし、「あの店の品なら安心だ、と信用していただける商品」と言ってもよいでしょう。そのような商品を、店主をはじめ、店員一同の愛嬌で売る。これが商店だと、私は信じているのであります。

愛嬌というのは、けっしてお客にこびへつらったり、心にもないお世辞《せじ》を言ったりすることではありません。いかなる場合においても「お客さま第一」の精神で、笑顔で応対すること、これが、私のいう愛嬌であります。

また、五万円、十万円という多額のお買いあげをなさるお客さまも、五十円、百円という少額のお買い物をしてくださるお客さまも、同じように大切に思わなければなりません。

店全体の売りあげから見れば、千円前後までの少額のお買い物をしてくださるお客さまが大多数なのですから、むしろ、そういうお客さまをこそ大事にしなければならない。……こういう心構えで、お客さまに真心をもって応対することが大切なのであります。

みなさん、きょうから、私たちと一緒に楽しく一生けんめいに働いてください。

簡単ではありますが、以上をもって歓迎のあいさつといたします。

支店長就任のあいさつ

このたび、当名古屋支店長という大役を仰せつかりました山本です。

これまで本社の営業部にずっとおりまして、みなさんともおつきあいしてまいりましたが、このたびはじめて支店長としてこちらへまいりました。

かねてから当名古屋支店の成績がよいことは、十分に承知しておりましたが、これは前任の杉野支店長が非常に優れた方であり、それにみなさんのご努力がなみなみならぬものであったことを、今さらながら敬服したしだいです。

私も前支店長を範として、みなさまのご期待にそむかぬよう精いっぱいやっていく所存です。

今後とも、当支店のみなさん一人ひとりが、社員としての誇りをもち、全力投球していただきたいと心からお願いするしだいです。

業務上のこまかい方針は、後日あらためてみなさんにお知らせしますが、ご協力をくれぐれもお願いいいたします。

今後、みなさんとともに一生けんめい力をそろえて、当名古屋支店をよりいっそう充実した職場としていきたいと願っております。

ご協力のほどをお願いして、就任のごあいさつといたします。

短い スピーチ

会社役員就任のあいさつ

このたび、専務取締役という大役を仰せつかりました山本次郎でございます。

私は長年、営業畑を歩いてまいりました。

私がつねに心がけてきたのは「地に足の着いた仕事をする」ことです。私の営業方針は決して華やかなものではなかったので、それだけに専務取締役という思いがけない辞令を受けたときは驚きました。

そして、地味ではありますが、着実な営業方針を認めていただいたという喜びが、じわじわと湧《わ》いてまいりました。

今後も、自分が立たされている位置を確認しながら、着実に前進する所存です。

この重責を誠心誠意務めさせていただきます。どうぞよろしくお願いいたします。

工場長就任のあいさつ

このたび、当工場の工場長を務めさせていただくことになりました寺田賢治でございます。

これまでK工場で工場次長をしておりましたが、本日よりみなさんと一緒に仕事をさせていただくことになりました。

Ｈ工場の工場長に栄転された前工場長は、技術者としても、また指導者としても、きわめて卓越した方でありましたが、私も前工場長を範として、みなさんのご期待にそむかぬよう、精いっぱいやっていく所存でございます。

工場での仕事は機械を相手にしての作業でありますが、優秀な機械さえそろっていれば、仕事がはかどり業績は上がるかといえば、けっしてそんなことはありません。

機械を動かして作業するのも、その指示をするのも人間であり、この、人と人との結びつきがうまくいかなくては、効率のよい仕事はできないのです。

私は、今後努めて、みなさん一人一人と話し合い、おたがいの理解を深めながら仕事を進めていくつもりでありますが、みなさんも私には率直に接していただきたい。

そして、与えられた仕事を誠実に果たしていっていただきたいと思うのであります。

みなさんはそれぞれに専門の技術をもっています。それは、だれでもがもっている技術ではなく、みなさんだけがもっている技術なのです。
ぜひ、自分に誇りをもって仕事にあたっていただきたいと思います。

私も、おこがましいようですが、名工場長とうたわれた前工場長に劣らないような工場長になろうとひそかに心に誓っています。あいつはボンクラ工場長だといわれるようでは大きな恥だと思うからであります。

みなさんも、どうか、あそこの製品は、当たりはずれがないから安心して使えるといわれるように、一つ一つの作業に心をこめて仕事をつづけていっていただきたいと思うのであります。

思わぬ長話になりましたが、これをもって就任の言葉といたします。

部長就任のあいさつ

私は寺島優子と申します。このたびは、商品管理部の部長という大役を命ぜられ、大きな責任を感じております。

商品管理は在庫や出荷《しゅっか》数の確認など、細かく地味な仕事が多く、どちらかというと受身的仕事になっているように思えます。私は、この商品管理部をもっと能動的な部にしていきたいと思っております。たとえば、商品の動きを把握できる利点を生かし、商品管理部を〝情報発進基地〟にする方法も考えられます。

新任早々何を、とお思いの方もいらっしゃるでしょうし、また、女性の上司ということでやりにくい点もあるかもしれませんが、みなさんとコミュニケーションをはかりながら、明るく、楽しい職場にしていきたいと思っております。

よろしくお願いいいたします。

労組委員長就任のあいさつ

今回の大会におきまして、はからずも委員長に選出された吉川和男であります。
私自身、このような大任を仰せつかるとは夢にも思っておりませんでしただけに、責任の重大さを心から痛感いたしております。

もとより非才微力でありますけれども、選出をされました以上は、私の能力の限りを尽くして組合員各位のご期待にそむかぬようがんばる決意であります。
幸いに小沢副委員長以下、有能にして実力に富む役員を選出していただくことができましたので、今後、これらの同志と力を合わせ、たがいに励まし助け合って、諸問題にあたっていく決意であります。ここに全組合員の総力をあげてたたかいぬこうではありませんか。

私どもはみなさん方の要望を生かし、生活と権利を守るための運動を、よりいっそう発展させていくことを固く誓うものであります。

つぎに、五年間にわたって誠実に組合のために尽くされた藤田前委員長以下四人の中央執行委員の方がたが役員の席を去られるにあたって、これまでの努力に対し、みなさんとともに心から感謝の意を表するしだいであります。

藤田前委員長をはじめ、これらの方がたも今後、組合員の先頭に立って、さらにがんばっていただきたいと切望するものであります。

いずれにしましても、私どもは去られる方がたの今日《こんにち》までのご労苦、ご努力に報いるためにも、先ほど申しあげましたように、私どもの総力をあげて組合員諸君の期待にこたえるためにがんばることを重ねてお約束申しあげます。

組合員諸君のいっそうのご協力を心からお願い申しあげまして、ごあいさつに代えるしだいであります。

支社長着任歓迎会での本人の謝辞

私は、このたびの人事異動で、東京本社の営業部からこちらに転勤してまいりました森山雄作でございます。何とぞよろしくご指導くださるようお願いいたします。

北海道支社が、松本前支社長の有能なご指導により、きわめて優秀な業績をあげてこられましたことは、営業部在勤中より十分に熟知しているところであります。

「勇将のもとに弱卒なし」と申しますが、これもひとえに支社のみなさんの熱烈な仕事ぶりによるご活躍の賜物であったと存じます。名支社長と定評の高かった松本現営業部長の後任として、北海道支社長の命を拝しましたとき、私のような浅学非才《せんがくひさい》の身で、はたしてその職務をまっとうし得るかどうかを苦慮いたしましたが、このうえは有能な支社の諸氏のご協力によって、任務を尽くす他はないと決意をかためてこちらへまいったしだいです。

ところが着任早々、荷物から社宅にいたるまでみなさまのあたたかいお心づくしをいただき、そのなごやかな雰囲気に接し大いに安心いたしました。

かねて松本前支社長より、北海道支社は寒い土地だけに、かえって人情があたたかい支社であるとうかがっておりましたが、まことにそのとおりで、ここに転勤してまいりましたのは、たいへん幸せであったと喜んでおります。

このご厚情に甘えるわけではありませんが、すべてにおいて不勉強な私を、今後ともご鞭撻くださるようお願い申しあげます。

今夜はこのように盛大な歓迎の宴を催していただき感激しております。一日も早くみなさんのなかにとけこんで、松本前支社長の優れた業績を受けつぎ、北海道支社の栄光をさらに光輝あらしめんことを、みなさんともども期したいと思います。

今夜はほんとうにありがとうございました。

定年退職者への社長の送辞

このたび、みなさま方が長い勤続年限をつつがなく勤められまして、定年退職されるにあたり一言ごあいさつ申しあげます。

顧みれば、みなさま方は、二十年、三十年と長きにわたって、ひたすら当社の発展繁栄に努力され、私どもと一つの家族のように親しみ、励まし合ってこられました。当社の今日《こんにち》のこの発展を見ることができましたのも、ひとえにみなさまのご労苦の賜物と申すほかはありません。

これらみなさま方と、今、ここにお別れしなければならないことは、私たちといたしましても、まこと寂寞《せきばく》の思いにうたれるものを感じます。

みなさま方におかれましても、社を去られたのちも、当社を仕事のふるさととされて、いつまでもお忘れなく、そして今後ともご協力ご鞭撻をくださいますよう、お願い申しあげます。

私たち残りました者たちも、つねにみなさま方の尊《とうと》い実績をおろそかにせず、いっそうの努力をいたしたいと思っております。

これからは、みなさま方のなかには悠々自適《ゆうゆうじてき》の生活に入られる方もいらっしゃるでしょうし、あるいは新しい仕事につく方もおられることと存じますが、健康に留意されるようお祈りいたします。はなはだ簡単でありますが、これをもって私のお別れの言葉とさせていただきます。

定年退職者代表の答辞

定年退職者十二名を代表いたしまして、一言お別れの言葉を申しあげたいと存じます。

ただ今、社長よりご懇篤《こんとく》なお言葉を賜りまして、私たち一同、心からお礼を申しあげます。

顧《かえり》みますれば長きものは三十年以上、短いものでも二十年の歳月をお世話になりながら、何ごともなし得ず、いたずらに年齢のみを重ね、ご期待に添うことの薄かったことを、はなはだ残念、かつ申しわけないことと悔やんでおります。私どもがとにもかくにも大過なく今日《こんにち》にいたりましたことは、歴代の社長はじめ、先輩、同僚各位のあたたかいご指導、ご支援があったればこそと、感謝にたえないしだいであります。

きょうの日を迎えまして、入社以来のいろいろな思い出を追いますと、まことに万感胸にせまるものを禁じ得ません。

社長のお言葉のとおり、職場は私どもの仕事のふるさとであり、そのふるさとから離れることは愛惜の情、胸をしめつけるものをおぼえます。きょう、ここを立ち去るにあたり、私どもがいかに当社を愛し、この職に親しんで生きてきたかを、しみじみと思い知りました。おそらく私どもの胸にこの職場でのあけくれた思い出は、終生消えさることはあるまいと信じます。

私どもは定年退職いたしましたのちも、安閑《あんかん》と過ごすつもりはなく、健康のつづく限り働きつづけ、さらに社会のために老骨を捧げたいと考えておりますから、今後もよろしくご指導ご鞭撻くださいますよう、せつにお願い申しあげます。

終わりにのぞみ、社長はじめ全社員のみなさまのご活躍を祈り、社のますます繁栄発展されますことを心から願って、私どものごあいさつといたします。

送別会での転任者の謝辞

本日は、年度末でお忙しい時期であるにもかかわらず、わざわざ送別会をお開きくださいまして、まことに身にあまる光栄と存じます。

実は、今回の転任は急な話でございまして、これまで公私にわたっていろいろとお世話になったみなさまへも、お一人お一人にごあいさつにうかがうこともできず、どのようにお詫びしようかと案じておりましたところ、はからずもこの席にお招きいただきましたので、厚かましいとは存じながら、この席をお借りいたしまして、みなさまへお礼を申し述べさせていただきます。

私が当地へ赴任《ふにん》してまいりましたときは、社外はもとより、支社内にも顔見知りの方は一人もおられず、はなはだ心細い思いをいたしましたが、幸いに、支店長はじめ先輩社員のみなさまのあたたかいお導きによりまして、大過《たいか》なく過ごすことができまして、まことにありがたく存じております。

当地での仕事にも慣れ、みなさまにもご親切にしていただきまして、これほど働きよいところはない、住み心地のよいところもないと思うようになりました矢先に、この土地を去って、東京の本社へまいりますことは、なんとも名残惜《なごりお》しく、やるせない気もいたします。

しかし、よく考えてみますと、M支店と東京本社と申しましても、同じ会社のことでございますし、いつかまた、みなさまにお目にかかれるものと思い直しまして、「ひとまずのお別れ」と申しあげたいと存じます。

みなさまにおかれましては、今後とも、ご自愛《じあい》のうえ社業の発展にお尽くしくださいますように、そして、みなさまのご家運もいよいよ栄えますようにお祈りいたします。


はなはだまとまりのないあいさつで恐縮《きょうしゅく》でございますが、今後いっそう勉強を重ねまして、再びお目にかかる機会がございましたときには、みなさまから、「見直した」と言われるようになりたいものだとの志《こころざし》のあることを申しあげまして、お別れのごあいさつといたします。

短い スピーチ

結婚退職の女子社員を送るあいさつ

永田美絵さん、ご婚約おめでとうございます。

永田さんは、私たちより四年先輩にあたり、たいへん面倒みのよい優しいお姉さまでした。

毎年、入社してくる女子社員が早く仕事に慣れるよう、どんな細かいことも実に親切に教えておられた姿が印象的です。きっとその太陽のように明るくあたたかい人柄で、楽しいご家庭を築かれることでしょう。

人生の門出ですので、涙をかくし笑顔で、お送りいたしたいと思います。

表彰式のスピーチ

表彰には、永年勤続者の表彰、優良従業員の表彰、篤農家《とくのう》の表彰、人命救助や社会事業などの功労者に対する表彰など、いろいろなものがあります。そのうち、私たちが経験する可能性がもっとも高いのは、職場での、永年勤続者や優良従業員の表彰などでしょう。

表彰式では、まず、表彰する側が式辞を述べ、つづいて表彰される側が謝辞を述べるのが一般的ですが、この間に**来賓の祝辞が入る場合もあり**ます。

表彰される人が複数の場合は、代表者がお礼の言葉を述べます。

職場での表彰式では、多くの場合、表彰の言葉を述べるのは社長や上司になります。

表彰する側が雇用主や上司であっても、「ほめてやる」といった尊大な態度はぜったいに避けるべきです。

永年勤続者の場合はその精励ぶりを、功労者の場合はその功績をたたえて、**人情味のある、あたたかい言葉を贈る**ようにします。

主催者からは表彰の理由を具体的に述べ、その業績を賞賛します。さらに、その表彰の社会的な意味や、貴重であることを強調するようにします。

受賞者は、**受賞の喜びを謙虚に受けとめ**、けっして優越的な態度をとらないようにします。

まず列席者一堂に参会のお礼を述べ、**受賞の感激を語り**、これまでの**指導と支援に感謝**を述べ、これを機会に**いっそうの精進**を誓います。

謝辞があまり長くなると、自慢話めいて嫌味に感じられることもあるので、短くまとめましょう。

表彰式のスピーチ

表彰する側の祝辞は訓示風にならないように気をつけます。表彰される人が少ないときは、一人ひとりの社歴や功績を紹介するのがよいでしょう。何人もの被表彰者を代表しての謝辞は、複数であることを意識し、ゆっくりと落ちついて述べるようにします。

永年勤続者表彰式での社長の祝辞

永年ご勤続により表彰を受けられましたみなさまに、お祝いの言葉を申しあげます。

本日の表彰式において、二十五年勤続の岩崎栄治さんはじめ、十一名の方がたが表彰を受けられました。

ひとくちに二十五年と申し、二十年あるいは十年と申しますけれど、それはけっして短い年月ではありません。しかも、人生の働きざかりの大半をひとつの企業にささげて、ひたすら社の隆盛発展に力をつくすということは、容易なこととはいえないのであります。

この二十五年は、わがA建設株式会社の歴史をふりかえってみましても、不況、災害、激しい競争と、まことに波乱に富んだ風雪の年月でありました。

これからも十年、二十年、三十年と、さらに一段と発展を期して勇往邁進《ゆうおうまいしん》しようとするわが社の前途は、必ずしも平坦の道ばかりとは思えません。みなさま方が、これまでの永い年月、尊い年月の中で得られました豊かな経験と、仕事に対する愛情をもって、後進の人びとを指導していただきたいと心から願うものであります。

感謝とねぎらい

みなさま方を中心として、わが社の全社員が一致団結してあたるところ、打ち破れない困難はあり得ないと信じます。めでたく表彰を受けられましたみなさまの今後のご多幸と、ますますご壮健でご精励《せいれい》くださいますことを祈り、お祝いの言葉といたします。

永年勤続社員表彰式での工場長のあいさつ

ご臨席《りんせき》の来賓各位、ならびに社員諸君。

本日は、先ほども申しあげましたように、当工場の創立二十周年記念日にあたりますが、この記念すべき日に際しまして、永年勤続者の表彰式を行いますことは、私のもっとも大きな喜びとするところであります。

本日、表彰を受けますのは、二十年勤続者といたしまして、石田さん、柿崎さんの両名、十五年勤続者といたしまして、福田さん、木村さん、重沢さん、郡山さんの四名でございます。このうち、二十年勤続者であります石田さんと柿崎さんは、すなわち、当工場創立当初から私と苦楽《くらく》をともにしてまいったわけであります。

お二人は現在、ともに職長として、後進の指導監督《かんとく》にあたっておられますが、当社工場の和気《わき》あいあいとした気風も、このお二人の手によって育てあげられたといっても過言《かごん》ではありません。

また、本日、十五年勤続者として表彰を受けられます、福田さんと木村さんの両名は現場にあって、また、重沢さん、郡山さんの両名は事務にあって、過去十五年間、ひたすらに社業に精励してこられたベテランであります。

当社が永年勤続者の表彰を、創立記念日の一行事として行うようになりましたのは、五年前の創立十五年記念日からでございます。

石田さんと柿崎さんは、もちろんそのときも十五年勤続者として表彰を受けられたわけでありますが、当社は、創立二十五周年には二十五年勤続者の表彰を行い、創立三十周年になりましたら、さらに三十年勤続者の表彰を行いたいと思っております。

お二人も、今後ともに健康に留意《りゅうい》され、二十五年勤続者としての表彰はもちろんのこと、三十年勤続者、三十五年勤続者、そして四十年勤続者としての表彰をもお受けになるよう、祈ってやみません。


先ほど、創立記念の式辞でも申しあげましたように、当工場は将来ますます大きな発展を目指しております。

今後とも、諸君のご協力を切望《せつぼう》して、私のごあいさつとさせていただきます。

短いスピーチ

安全表彰式での工場長のあいさつ

今月も無災害表彰を行うことができてうれしく思っております。表彰を受ける課は三課です。

災害をゼロにすることはたいへんむずかしいことです。災害を引き起こさない要因は、安全行動を怠《おこた》ったらおたがいに注意し合い、小さなケガでも原因を追求・検討し、改善することによって災害原因を取り除いているからだと思われます。きょうの表彰を機会に、みなさんの日ごろの体験をもとに無災害の実行を心がけていただくよう、願ってやみません。

勤続社員表彰式での代表の謝辞

ただ今は私ども永年勤続者に対しまして、社長より過分《かぶん》のお言葉をいただき、まことに身にあまる光栄と存じます。

私どもが入社してから、十年、二十年、二十五年と、この年月を大過《たいか》なく勤めさせていただきましたことは、ひとえに社長はじめ幹部のみなさまのご親切なご指導と、同僚各位のあたたかいご支援によるものでございまして、ここに厚く御礼を申しあげます。

顧《かえり》みますれば、わが社が創業以来ここに二十五年、めざましい発展を遂げましたことは隔世《かくせい》の感ひとしおでありまして、ご同慶《どうけい》のいたりでございます。これも社長を中心に一致団結、奮励《ふんれい》努力されました諸先輩の輝かしき成果と存じ、私どもはこの業績を受けついで、さらに将来の発展へとつなぐ重大な責務を、今さらながらひしひしと感ぜずにはいられません。

私どもは、本日表彰を受けましたこの感激をかたく胸に抱いて、今後も力の限りを尽くしたいと念願しております。

いたらぬ私どもではございますが、どうかこの微衷《びちゅう》をおくみとりくださいまして、何とぞよろしくお導きのほどをお願い申しあげます。

わが社のますます発展せんこと、ならびに社長はじめみなさま方のご健康を心からお祈りいたしまして、お礼の言葉とさせていただきます。

商店会の優良従業員表彰式あいさつ

このたび当商店会連合会の加盟各店より選ばれました優良従業員の表彰式にあたり、ごあいさつを申し述べます。

この催しもすでに三年目となり、今回は二十一名の優良従業員の方がたが表彰されることとなりました。ここに表彰の栄を受けられます方がたは、つね日ごろそれぞれの職場において、いささかの陰ひなたもなく誠心誠意、一生けんめいに働き、能率を一〇〇パーセント発揮された方がたで、信用とみに厚く、その功績はまことに大きいものがございます。

どうぞ表彰を受けられた方がたは、本日の感激を胸に刻み、今後もいっそう本地区商店会のためにお尽くしくださることをお願い申しあげます。

なお、今回、表彰を受けるべくして選にもれた方がたも少なくないと存じますが、これらの方がたにもいずれ表彰の機会が到来することを確信いたします。なにとぞみなさま方には今後ともますます職務に精励されんことを心からお願いいたしまして、ごあいさつに代えさせていただきます。

優良従業員表彰式での社長のあいさつ

本日ここに、本年度優良従業員表彰式を行いますにあたり、一言、ごあいさつを申しあげます。

わが社は、創立以来、年を追って社業は発展し、いまや業界に不動の地位を占《し》めるにいたりました。

これはひとえに、従業員のみなさま方が、それぞれの持ち場において、その責任をお果たしくださいました賜物でありまして、心より感謝申しあげるしだいであります。

とくに本年度は、その営業実績において、目標額を大幅に上回ることができました。

本日は、社規《しゃき》にもとづきまして、全従業員に特別賞与をお渡しして、その喜びを分かちあうしだいでありますが、とくに、その成績抜群《ばつぐん》でありました営業部員○○名のみなさまに対しまして、表彰状ならびに記念品を贈呈《ぞうてい》いたすものであります。

この表彰は、本年度において一五〇パーセント以上の売上実績をあげられた方、および過去三年間一〇〇パーセント以上の売上実績を継続《けいぞく》してあげられた方がたがこれに該当《がいとう》いたします。さらに、以上のようなめざましい業績をあげられたみなさまは、そろってお客さまの評判もよろしく、会社の信用をいよいよ高める役割を果たしてこられたことは、さすがといわざるをえません。

わが社は、かくのごとく精励《せいれい》にして、しかも優秀なる従業員を、かくも多数擁《よう》しておりますことを誇りとし、かつ、大いに心強く存ずるしだいであります。

なお、今回、選にもれた方がたのなかには、わずかな差で表彰に届かなかった方が、多数おられます。それらの方がたにも、今後のご努力によって、表彰を受けられるチャンスが十分にあると確信しておりますので、新年度には巻き返しの意気込みでご努力いただきたいとお願いするものであります。

終わりに、全従業員のみなさまに対して、今後ともますます一致団結の精神にのっとり、社業の隆盛《りゅうせい》発展にご協力いただきますようせつに希望いたしまして、本日の式辞に代えるしだいであります。

短いスピーチ

営業成績優良者表彰式での社長のあいさつ

みなさん、日ごろはご苦労さまです。

みなさんは、売上げを目標以上の好成績におさめてくれました。現在のところ、競合他社と比べましても、各社の製品はそれほど機能やデザインに著《いちじる》しい差はありません。ではどのようなことで販売競争に勝ち抜くか、それは営業マンの対応・態度によるところが大きいと思います。

本日は優秀な成績をあげられたみなさんへの感謝を、表彰と寸志《すんし》という形でたたえさせていただきます。これからも、ますますのご健闘をお願いいたします。

社内研究論文表彰式の祝辞

今回、「品質管理の諸問題について」および「生産性向上の方法について」の課題のもとに、広く社員のみなさんから研究論文を募集いたしましたところ、多忙の勤務の中にもかかわらず、予想外に多くの方がたからの応募をいただきまして、まことにうれしく思います。

これらのレポートを手にして、私が第一に感じたことは、みなさんは、毎日ただ機械的に会社に出てきて、与えられた仕事をしているだけではなく、こんなにも真剣に社業の向上発展ということについて考えていてくれるのかということでありまして、これだけ真剣に会社を思い、会社を愛していてくれる社員がいるならば、会社の将来の発展は期して待つべきものがある、との感を深くしたしだいであります。

研究論文は、審査のうえ、私も全文を読ませてもらいました結果、あちらに掲示されてありますように、最優秀賞は管理課の下川信裕君の「コストダウンは必ずできる――品質管理の諸問題」、優秀賞は業務部第一課の永井正彦君の「仕入担当部門における対外関係確立のための方法」と決まりました。

さらに、総務課の大谷君以下十五名のみなさんが「努力賞」ということになりましたが、受賞にならなかった中にも、いろいろ参考になるレポートが少なくありませんでした。

みなさんのレポートのなかでいただいた意見のうち、実務にとり入れられるものはただちにこれを実行に移し、いま少し改善を要するものについては、担当部署においてこれを検討するようにして、会社のために役立てるつもりでおります。

なお、この研究論文の募集は、ひきつづき行う予定でありますから、いっそうの努力研究をつづけられ、さらに優秀な意見を寄せられるよう、期待してやみません。

開業披露・創業記念祝いのスピーチ

開業や開店の際には、関係者を招き、披露パーティを行います。また、社屋や事務所、工場などの大きな建物が完成した際に行われる式典が、落成式です。

いずれも、**まず主人側が披露のあいさつを述べ、つづいて招待客や来賓の代表が祝辞を述べるのが一般的**です。**主催者側のあいさつは、参会者全員に聞かせるものであることを心得ていなければなりません。**あいさつを行う時期も重要で、アルコールのまわらないうちに行い、長過ぎないように注意しましょう。

また、創業記念祝賀会では、社の関係者や取引先を招待して、これまでの労苦や愛顧を感謝し、今後の発展の決意を新たにして、さらに支援を願います。

創業した年をいれて10周年、20周年とする場合と、創業の翌年から数えて満10年、満20年とする場合があります。

開業・開店披露に招待された際は、お祝いの品物を前もって贈るか、当日持参するとよいでしょう。服装は、主催者は礼装または準礼装、招待客側の同様の服装を着用しますが、とくに平服の指定があるときは、外出着程度でもよいでしょう。

【忌み言葉】

開業披露や落成式の場では、つぎのような言葉は「忌み言葉」とされています。スピーチの際には使うことを避けたほうがよいでしょう。

火災を連想するもの
・火　・煙　・赤　・焼ける
・燃える　…など

倒産や不振、閉店を連想するもの
・失う　・閉じる　・枯れる　・さびる　・傾く
・倒れる　・流れる　・つぶれる　・こわれる
・滅びる　…など

開業披露・創業記念祝いのスピーチ

主人側のあいさつは、開店や開業にいたった動機やその事業内容、将来の抱負などをしっかりと述べるようにします。招待客は、心からのお祝いの気持ちと、今後の発展を期待する言葉を述べます。

店舗新築祝いでの主人のあいさつ

本日は、弊店の新築落成をお祝いくださいまして、ご多忙中をかくも多数ご光来くださいましたことは、まことに光栄のいたりでございます。

参会のお礼

開店のいきさつ

私どもの店は、これまで小屋に毛の生《は》えた程度のもので、長いあいだみなさまにご不便をおかけしてまいりました。幸いにご列席のみなさまならびに多数のお得意さまのお引き立てにより、どうやら無事に営業をつづけてまいりましたが、最近このあたり一帯の道路整備も進みまして、あまりいつまでもみなさまにご迷惑をおかけしていてはと、思いきって新築することにいたしました。

工事中もまた、みなさまに少なからぬご迷惑をおかけしまして、しかも落成が予定より一カ月ほど遅れましたが、ようやく本日、ここ新店舗にみなさまをお迎えすることができました。

これもひとえにみなさま方の日ごろのご援助、お引き立ての賜物と心から感謝申しあげております。

支援のお願い

なお、せっかくご厚情によりみなさま方にお出でいただいたのでございますので、本席をかりまして、どうぞ私どもの商売につきまして、お気づきの点を、一言なりともご遠慮なく、ご批判なり、ご注意なり、お言葉をいただけましたら、まことにありがたい幸せと存じます。なにとぞよろしくお願い申しあげます。

開店祝いでの来賓の祝辞

本日は、まことにおめでとうございます。

このたび正木市郎さんが勉強堂文具店を開業されますにあたり、私どもまでが列席の栄を賜りましたことを御礼申しあげます。

新たに独立して自分のお店をもつということは男子にとってはまさに本懐《ほんかい》とも申すべきでありますが、ここにいたるまでにはいろいろと多年にわたるご苦労がおありだったことと存じます。おそらく長いあいだ、この日を待ち望んでおられたことを思い、心からお喜びを申しあげたいのであります。

本日は、正木さんにとっては新しい事業の第一歩を踏み出された、もっとも大事なときであります。これから先、あらゆる困難とたたかってこれを乗り越え、忍耐と努力の毎日を築きあげることによって、はじめて成功の栄誉をかち得ることができるのであります。

商売に油断はもっとも禁物です。つねに心をゆるめず日進月歩の進展に、経営とセンスを遅れないように努力精進《しょうじん》され、もって今後の発展と成功を期されますことを、祈ってやまないしだいでございます。

勉強堂の輝かしい前途を祝し、正木さん以下お店のみなさんのご健闘を心からお祈りして、私の祝辞といたします。

営業所開設のあいさつ

本日はご多用のところ、このように多数ご光来をいただきまして深く感謝申しあげます。

私、このたび当営業所長としてみなさまのお世話になります飯島勇でございます。どうぞよろしくお願い申しあげます。

ご当地はかねてから本社直轄《ちょっかつ》の販売区域でございまして、代理店のみなさまはもとより、長年当社製品をご愛用いただいておりますお得意さま各位にも、何かとご不便をおかけいたしておりましたが、ご当地みなさまのご希望もあり、このたび日本橋営業所を開設、さらに一段と活動させていただくことになりました。今後はこれまでよりいっそう迅速《じんそく》正確に配送、サービスすることを期しております。

と申しましても開設当初一、二カ月は人員も不足がちのうえにご当地に不慣れの者もあって、かえって行き届かぬことも生ずるのではないかと懸念《けねん》いたしております。みなさまにおかれましてもなにとぞその点ご理解、ご支援をいただきたくお願い申しあげるしだいでございます。

この日本橋営業所もひとえにみなさまのご熱心なご協力によって開設することができたのでございます。この機会に厚くお礼を申しあげます。

営業所もいよいよ明日より営業を開始いたし、向こう一週間、十五日までは開設記念特別サービス週間とさせていただきますので、どうぞご用命くださいますようお願い申しあげます。何も行き届きませんが、お時間のゆるす限りおくつろぎくださいますようお願いいいたします。

支店開設へ来賓の祝辞

陽春の光うららかな四月一日を期して、ここにT信用金庫上岡支店が開店、営業を開始されましたことを、心からお祝い申しあげます。

創業以来すでに三十余年の長い歴史をもち、地域に根ざした金融機関として広く親しまれ、当県の産業発展に主要な役目を果たしてこられましたT信用金庫が、今回、上岡町に支店を開設して、いっそうの業務拡張を実現されんとすることは、上岡町発展の一翼《いちよく》を担《にな》う私どもの大きな喜びとするところであります。

従来、上岡町には金融機関がまことに少なく、町の商工業者はたいへん不便を感じていたのでありますが、今回の支店開設によって、これが解消できることになりましたのは大いに感激してよいことであり、さらに未取引の業者にとってもまことに喜ばしいことと存じます。

ことに支店長として着任されました小林三吉氏は長く本店営業部次長として、小商工業への理解の深さをもって知られたベテランであられますから、今後、当町の中小商工業の発展に資されるところも大きいと期待しております。どうぞこの上岡町の立地条件、産業規模、その将来性を洞察《どうさつ》されて、業者に協力援助の労を傾けられることを切望いたします。

私どももまた、この上岡支店が日を追って繁栄発展されることを心から願い、微力ながらその一端を担いたいと深く期しているしだいであります。

はなはだ簡単でありますが、支店開設を祝し、ごあいさつ申しあげます。

短い スピーチ

事務所落成式での来賓の祝辞

本日はおめでとうございます。たいへん明るいスマートな事務所で、いかにも仕事のし心地のよさそうな、ムダのない設計で、さすがは合理的な大島君の事務所らしいと、あらためて敬服《けいふく》したしだいです。

これだけの事務所を建てられたのですから、なかなか負担も大きかったことと思います。我々も大いに努めて、この事務所でも狭くて仕事が間に合わなくなるほど忙しくしてあげたいと思います。

そしてこの次にはもっと大きなビルを建てて――となるわけですが、大島君はそれができる実力の持ち主と信じています。

さらに望みを大きくして、数年後には盛大なビル開きにお招きくださることを期待して、一言祝辞といたします。

社屋落成式での社長のあいさつ

本日はお忙しい中をみなさまよくおいでくださいました。

当社新築落成を機に、日ごろお世話になっておりますみなさまをお招きいたしまして平素のご恩顧《おんこ》に対して厚く御礼を申しあげます。

みなさまのおかげをもちまして新しい社屋がここに落成の日を迎えることができました。これまで手狭のうえに交通も不便で何かとみなさま方にご迷惑をおかけしておりましたが、これからは新しい社屋で大いによい仕事をする決意でございます。

きょうから社員一同、いっそうの努力をもってみなさまのご期待にこたえたい、社会のために働きたいと張りきっておるしだいであります。どうぞ従来に倍してご指導ご支援を賜りますよう、せつにお願い申しあげます。

工場落成式での来賓の祝辞

このたびは新工場の落成、まことにおめでとうございます。

また、本日はかくも盛大なる式を催《もよお》され、私どもまでご招待をいただきまして、まことに光栄に存ずるしだいであります。

T株式会社様と私とは、比較的、最近のおつきあいでございますが、橋本社長の事業ひとすじに生きるお人柄には、日ごろより深い畏敬《いけい》の念をいだいております。

今日落成式をあげられました新築工場は、白亜《はくあ》の殿堂《でんどう》ともいうべきスマートな建物でございますが、従来の工場もまた堂々たる立派なものではございませんか。

私は、橋本社長に率直にその驚きを伝え、

「立派な工場を二つもおつくりになったのですから、今度は本社とご自宅の新築にかかられる番ですね。」

と申しましたところ、社長は次のような信念を話してくださいました。

すなわち、本社は販売関係の業務を行うのだから、交通の便さえよければ、貸ビルの間借りでも問題はない。まして、自宅などは雨露をしのげばたりるのだから、今のままで十分である。

しかし工場は、精密《せいみつ》を生命とする商品を生産するところだから、つねに清潔で、完全な防火建築でなければならない。そのような考えから、従来の工場も、当時としては分に過ぎた立派なものをつくったのだそうです。

私はこれを聞きまして、なるほど橋本社長は真の事業家だと強く胸を打たれたのであります。

事業が少し軌道《きどう》に乗ると、すぐに立派な本社や豪華《ごうか》な邸宅《ていたく》を建てようとする人は多いものです。しかし橋本社長は、工場第一主義の信念をもって、一貫してその信念のもとに行動しておられるのです。

だからこそ、創業後わずか○○年で、第一工場についで第二工場まで建てるほどの発展を遂げられたのでしょう。私はそう痛感いたしまして、畏敬の念がいっそう強まるのを覚えたしだいであります。

私は、ここに、この立派な工場の落成を心からお喜び申しあげますとともに、みなさまの絶大なご支援のもとに、この工場でつくられる製品が、国内外へ続々と送り出されまして、御社がますます繁栄発展されることを祈るものであります。

はなはだ簡単ではございますが、これをもってお祝いのあいさつといたします。

店舗落成式での来賓の祝辞

このたびは、店舗改築ご落成、まことにおめでとうございます。つつしんでお喜びを申しあげます。また今夕は、私どもまでお招きをいただきまして、まことにありがたく存じます。心からお礼を申しあげます。

私は、ご近所に住んでおります関係で、改築工事中も、どんなお店になるのだろうと、よく立ち止まっては、拝見していたものでございますが、素人《しろうと》の悲しさと申しましょうか、前より店の中がだいぶ広くなるようだと感じました程度で、どういうお店になるものやら、かいもく見当がつきませんでした。

ところが、先ほど、お店の中を拝見させていただきまして、思わず、
「うーん、これは、すばらしいお店だ。」
と、声をあげてしまいました。

外観といい、内装や照明、さらに商品の陳列《ちんれつ》の仕方といい、明るく洗練されていて、つい入ってみたくなるような感じでございます。

むろん、「感じのよい店」「思わず買い物をしたくなるような店」というものは、建物の感じや、店内の飾りつけの具合だけで決まるものではございません。

その店の主人や店員の感じがよいこと、その店の商品に信用がおけることといった、より重要な条件がそろわなければなりませんが、その点、こちらのお店については、なんの心配もございません。

こちらのお店の、いつも気持ちのよい接客や、品質が良いうえに値段も安い商品には、以前より定評があり、今度のご改築によって、いっそうご繁昌《はんじょう》なさるだろうことは、疑いないのでございます。

今日は、このお席にスタッフのみなさまもお見えになっていらっしゃいますが、ご主人とご懇意《こんい》に願っている者の一人として、この機会に、みなさまに私からお願いいたします。ご主人のモットーとされる「お客さまの身になって接客する」――すなわち、「買う人の身になって売る」気持ちで、今後ともお客さんのサービスにお努《つと》めになってください。

どうも、おめでたいお酒をいただきすぎたせいか、とりとめもないことを申しあげまして、恐縮《きょうしゅく》でございます。

新しいお店のご落成を心からお祝い申しあげますとともに、今後よりいっそうのご発展をお祈りして、ごあいさつに代えさせていただきます。

六十周年祝賀の社長あいさつ

本日は小社の創立六十周年にあたりますので、いささか記念の祝典を催したく、日ごろご交誼をいただいておりますみなさまにご案内をさしあげましたところ、お忙しい中を多数ご来臨《らいりん》くださいまして感激しております。

顧《かえり》みますと先代社長が小社を創立されました六十年前は、店員八名という個人商店でございました。先代の社長はたいへんエピソードの多い方でありましたが、私どもにいつも「己《おのれ》を知り敵を知れば百戦危うからず」と教えておられました。あの戦後の名状しがたい混乱の時代に、すでに高齢となられた社長は、つねにこの言葉をもって私どもを叱咤《しった》され、今日の小社の基礎を築かれたのであります。

あとを継がせていただきました私どもは、この六十周年記念の日にあたって、先代社長のこの「己を知り敵を知れば百戦危うからず」の垂訓《すいくん》を改めて心に銘じて、いっそう社業の伸長発展に努めたいと固く誓っております。

みなさま方にも従来に倍するお引き立てを、せつにお願い申しあげまして、私のごあいさつとさせていただきます。ありがとうございました。

二十五周年祝賀の来賓の祝辞

はなはだ僭越《せんえつ》でございますが、ご指名によりまして、一言お祝いの言葉を述べさせていただきたいと存じます。

ただ今、橋田社長のお話にありましたとおり、T産業株式会社も今年をもって創業二十五周年を迎えられたとのことであり、まことに変転きわまりない時期でありまして、その風浪の中にここまで発展されたということは、じつに偉大なことであると私は心から敬服しているしだいでございます。

このT産業株式会社が創業されましたのは、経済界が混乱を極めていた真っ最中でありました。しかし、これからは腕一本で天下をとることもできるという意気ごみで自信のある若い人たちが、われもわれもと打って出た時代であったといえましょう。

橋田社長もその一人でありまして、当時は沼津に本社をおき、銀座裏に小さな事務所をつくって旗あげされたのでありますが、私が事務所にうかがってみると、社長の座っておられる机の上に大きな紙を貼って、「信頼・誠実・努力」とくろぐろと大きく書かれている。この大きく、力強く書かれた字を見て私は、当時まだ若かった橋田社長の信念と申しますか、気迫と申しますか、非常に力強いものを感じて、これは大した男だという印象を受けたことを覚えております。

はじめは取引高も少額でしたが、取引をはじめてみると、たしかに墨筆大書するとおりに誠実である。約束はきちんと守る。雨が降っても風が吹いても品物の納入はけっして遅れない。一度も手違いを起こさせたこともなく、誠実一本槍の商売でしたから、これは必ず将来大をなすにちがいないと思っておりましたが、私の予想どおり今日《こんにち》、このように立派な会社に発展されました。

事業は人なり――と申しますが、橋田社長の周囲にはよく気のあった方がたが集まっておられ、さらに社員のみなさんも非常に熱心に仕事に取り組んでおられる。もちろん当時はこの会社もまだ小さくて、いろいろと苦労もおありだったと思いますが、みなさん気を合わせてがんばってこられた。これが成長繁栄の大きな原因であると私は申しあげたいのであります。

創業二十五周年と申しましても、橋田社長以下松村専務などの経営陣、部課長のみなさんも、年齢的には私などに比べるとまだまだお若いのでありますから、これからまたひとつ創業当時の元気を発揮されて、社長のお話のようにますます張り切っていただきたいと願っております。

時代の波は大きく変わり、産業界も揺れ動くのをまぬがれないときがくるかもしれませんが、御社が「信頼・誠実・努力」に徹する精神を忘れない限り、いかなる困難も乗り越えて、ますます発展繁栄されることは明らかであります。

さらに今後のご発展を祈って私の祝辞とさせていただきます。

創業記念式典での取引先の祝辞

坂田社長様はじめ、M株式会社のみなさま、創業十周年、おめでとうございます。

私は、K工業の川田増夫と申します。


日ごろから私どもは坂田社長の熱意には驚かされています。

現在御社でロングセラーになっています製品の開発をしているときも、わざわざ私どもの研究所にお見えになりまして、最良の部品を開発してほしいと熱意をもって訴えられたことがあります。

そのときの社長の熱意が優秀な製品を完成させる原動力になり、御社の発展につながったのだと思っております。

今後もよろしくお願いいたします。

column

開業披露

開業祝いや開店祝いに招かれたときは、お祝いの品を贈るのが普通です。一般商店の場合は、花輪、額、くす玉、鏡、酒、現金包みなどがよいでしょう。ストーブやライターなど、火気に関するものを贈るのはタブーです。

披露の宴会は、パーティー形式で開催することも多いようです。開業や開店にあたって、お世話になった人、これまでの営業でのお得意さま、これからお得意になってほしい人、地域の中で今後お世話になる人などを招いて行います。


また、社屋や工場などの建物が完成した際に行われる落成式は、事業発展のための大きな節目となるものです。来賓としてスピーチをする場合は、建物の外観や設備などをほめるだけでなく、これからその建物が業務に与えるであろうプラス面や、周りの風景との調和などにも触れるとよいでしょう。

創業記念祝い

創業記念式典では、社の関係者や取引先などを招待しますが、来賓は、創業以来のつきあいの人や現在しか知らない人などさまざまです。スピーチの際は、功績のあった人物や苦しい時代を乗り越えてきたエピソードなども織り込むと、会社に対する思いも新たになるでしょう。

来賓として祝辞を述べる場合は、まず社業の発展や会社の歴史を祝い、ついでこの会社の業績をあげた功労者としての社長の人格、手腕をたたえるのが順序です。そして今後の発展繁栄を祈って結ぶのが、来賓としての祝辞のポイントになります。

懇親会・社内行事のスピーチ

顧客を招待しての懇親会や、社員慰労会、同業会などは、**おたがいの親睦をはかるために開かれる会**です。
また、年末年始には、職場での忘年会や新年会が開かれます。会社、商店などでは、社員同士の相互理解と親睦をはかる目的で、慰労会が開かれることもあります。

これらは親睦を深めることが目的の会ですが、顧客の招待会などは、主催者側にとってはビジネスの一つでもあるので、参会者への礼儀を忘れずに会の運営進行にあたります。

主催者側のあいさつは、会社のＰＲや新製品の発表なども目的の一つになるため、どうしても長くなりがちですが、いたずらに業績を誇示するようなことは避け、**楽しい雰囲気をつくるようにすることが大切**です。

招待された側も、会社や商店を代表して出席する場合が多いので、かりに無礼講《ぶれいこう》といわれても礼儀を失うことはつつしまなければいけません。

忘年会や新年会では、何よりもおたがいの親睦のための催しであることを念頭におき、それぞれの会の目的にそった、反省あるいは将来への希望などを語るようにします。親睦が目的ですから、訓示や説教がましい口調、押しつけるような態度は禁物です。くだけたうちにも明るくひきしまったあいさつをするように心がけましょう。

あくまでも会社の集まりであるということを忘れず、**節度をもって楽しむことが重要**です。

懇親会・社内行事のスピーチ

懇親会といっても、おたがいに相手を尊重する基本的な心がまえが大切です。あいさつでは、自分を出しすぎたり、長談義をしたりせずに、できるだけ多くの人が雑談し合う機会をつくるように心がけましょう。

販売店招待会での主催者のあいさつ

本日は、かねてご贔屓《ひいき》にあずかっております販売店のみなさまに、感謝の気持ちを表したいと存じましてご案内申しあげましたところ、ご多忙の中をかくも多数のご光来《こうらい》をいただき、厚く御礼を申しあげます。

参会のお礼

さて、当社が○○年より製造を開始いたしました「△△」は、幸いにみなさまのご支持により、好調な売れ行きを見せております。

一時期は類似品《るいじひん》が出回り、売れ行きが減少したこともございましたが、当社の技術陣が、文字どおり寝食《しんしょく》を忘れて研究をつづけました結果、製法にさらなる新工夫を加え、他社の到底《とうてい》まねることのできないすぐれた製品を提供できるようになりました。

おかげをもちまして、当社も今日《こんにち》の隆昌《りゅうしょう》をみるにいたったのでありますが、その陰《かげ》には、当社の創業以来ご贔屓《ひいき》にあずかっております、みなさま方のご支持があったればこそだと、私どもは、心からありがたく存じているしだいでございます。

私どもがいかに優れた製品をつくりましても、みなさま方のご支持がなく、商品として扱っていただけなければ、消費者に買ってもらうことはできないわけであり、どれほど広告などでPRをしても、直接販売に携《たずさ》わってくださるみなさま方のお力にまさるものはないのであります。

日ごろの感謝と協力のお願い　　製品のPR

日ごろの感謝と協力のお願い

私どもは、このみなさま方のあたたかいご支持に、心から感謝の意を表しますとともに、今後、いっそう品質の向上に努め、さらに消費者のニーズにあった新製品を提供することが、みなさま方のご支持にこたえる唯一の道だと信じて、日夜《にちや》努力をつづけているしだいでございます。

みなさま方におかれましても、どうか、よりいっそうのお力添えを賜りますとともに、当社製品の品質その他についてお気づきの点がありましたら、どしどしお聞かせくださいますよう、お願いいたします。

歓談を願う

本日はせっかくお出でくださいましたにもかかわらず、まことにささやかでございますが、どうかゆっくりとおくつろぎのうえ、ご歓談くださいますようお願いいたします。

ご清聴、まことにありがとうございました。

代理店招待会での招待客代表の謝辞

本日はお手厚いお招きにあずかりまして、まことにありがとうございました。はなはだ僭越《せんえつ》でございますが、お招きを受けた一同を代表いたしまして、一言ごあいさつ申しあげたいと思います。

御社の製品「△△△」は発売以来、まことに好評でありまして、販売に携《たずさ》わっております私どもといたしましても、たいへん喜んでおります。

ことに他社に類例を見ない優秀性につきましては、代理店といたしましても、誇りをもって販売することができまして、これらの優れた技術を開発されました御社の熱意に対しては、つねに敬服申しあげているしだいです。

私たち代理店の繁栄と、メーカーである御社の発展とは、まことに表裏《ひょうり》一体であるべきで、今後よりいっそうの共存共栄をはかるためには、密接なる協力のもとにおたがいに努力研究をかさね、いつまでもこの信用と実績を確保していくべきであろうと存じます。

本日はかくもすばらしい盛宴にご招待にあずかりまして、ただ恐縮、感謝いたしております。

お言葉に甘えまして、ゆっくりご馳走《ちそう》をいただきながら、喜びをともにしたいと思います。

終わりにのぞみ、御社のご発展を心から祈りまして、ごあいさつとさせていただきます。

短いスピーチ

顧客招待懇親会でのあいさつ

本日はお忙しいところをお出かけくださいまして、まことにありがとうございます。

日ごろのみなさまの並々ならぬお引き立てに、千分の一いや万分の一でもお報《むく》いしたいと、観劇会にお招きいたしたしだいであります。お見受けしたところ、ご婦人やご高齢の方も多く参加していただいており、主催者といたしまして、こんなにうれしいことはございません。

こんな高い所からで、まことに申しわけございませんが、ここに平素《へいそ》からのご愛顧《あいこ》に対しまして、厚くお礼を申しあげるとともに、今後ともよろしくお引き立てのほどをお願い申しあげるしだいです。本日は、どうぞごゆるりと観劇なさって、楽しい一日を過ごされますようにお願いいたし、私のごあいさつに代えさせていただきます。

同業組合懇談会での主催者のあいさつ

本日は、あいにくの雨天にもかかわらず、多くの方がたのご出席をいただきまして、まことにありがとうございます。

本日は、定例の懇談会でございます。

今回でこの懇談会も○回におよび、また会員の数も著《いちじる》しく増加いたしまして、ますます盛大になってきておりますことは、みなさまの熱意の賜物と感激ひとしおです。

会に先立ちまして、今回より組合に参加されました、旭屋の酒井達雄さんをご紹介いたします。旭屋さんは、先月、O町に新規開店されました。新メンバーの加入は、組合にとって心強い限りでございます。若い感性で、会を活性化していっていただきたいと大いに期待しております。

さて、申しあげるまでもなく、現在は自由競争の時代であります。今日《こんにち》、私たちの業界を取り巻く環境は、けっして容易なものではありませんが、おのおの自分だけで悩み、意気消沈《いきしょうちん》していても何のパワーも生まれません。ここは一つ、大いに元気を出し、おたがいによい知恵をしぼって、一致協力してこの難局を乗り越えていくべきであると思います。

大型店やショッピングモールなどと競争していくためにも、われわれ同業者同士が積極的に情報を分かち合い、自衛《じえい》の手段としていきたいと存じます。みなさま、どうかそのおつもりで、意見を交換し、思うところを語り合い、進むべき道を切りひらいてまいりましょう。

われわれ役員も、ときに学識経験者などの意見もたずねまして、よりよい案を練っていきたいと思います。みなさまにも、これはと思う案がございましたら、いつでもお申し出くださいますようお願いいたします。

あらたまったあいさつはこれくらいにいたしまして、本日はなにもございませんが、ゆっくりと召しあがりながら、十分にご歓談くださいますよう、お願いいたします。

同業会での来賓代表のあいさつ

本日は、みなさま、まことにおめでとうございます。

私は隣町の××町小売商同業組合連合会の理事長として、当町の小売商同業組合の創立総会にお招きいただきまして、喜んで列席させていただいたしだいであります。

当町の各同業者がこのように一致協力されて、連合会を結成、ここに発足《ほっそく》されましたことは、まことにご同慶《どうけい》にたえぬところであります。今後のご活躍を大いに期待してやみません。

当市内の各業界が、このように歩調を合わせられましたことは、ひとえに当市への大資本の進出に対する自衛のための最良の手段であることを確信いたします。

現在は自由競争の時代でありますが、そのために大企業の大型店が当市への出店を試みつつあるとき、われわれ土地の業者は坐《ざ》してこれをまつことは、すなわち自滅を意味するものであると憂《うれ》えざるを得ません。われわれもまた自由競争の原則にのっとって、一歩も退くことなく当市の顧客をしっかりとつかみ、当市の消費者のみなさんと共存共栄の利益をめざしていくべきと存じます。

どうかみなさまにおかれましても、各町内の商店連合会をたがいに競い合いつつも、自己の利益のみを追うことなく、いっそう相互間の連絡を緊密にして、本連合会の目的を達成するために努力せられんことを切望してやまないしだいであります。

簡単ですが、一言もって祝辞といたします。

従業員慰労会での社長のあいさつ

本日はわれわれ一同のふだんの働きを天がほめてくださったのでしょうか。すばらしい快晴に恵まれて楽しいバス旅行をつづけ、やっとここへ落ちつきました。

社長である私も、とても楽しい一日で、みなさんといっしょに仕事をしていることの幸せを、しみじみと味わったのであります。

日ごろ、職場では仕事熱心のあまり意見が対立したりすることもありますが、こうして全員そろって社の外へ出てまいりますと、身びいきといいますか、私たちだけに流れる共通の感情というものがあることに、みなさんもお気づきになったと思います。

私たちは今日《こんにち》、一人では生活できません。必ず何かのグループに属しています。働くにもどこかの会社に所属しています。自分たちの仲間ももっている。私たちの働く仲間が、すなわちこの○○株式会社の社員一同であります。

きょう、ここにおられるどなたも、ただ一つ、この○○株式会社に身を寄せて、そこで働き、生活を立てている、いわばひとつ屋根の下に集まり、同じ釜の飯を食い合っている仲間同士なのであります。

私は、きょう、私の周囲に、こんなにたくさん同士の人びとがいるということ、そして、みな、自分と喜びも悲しみもともにしてくれる人びとだということを改めて認識し、責任の重大であることをひとしお感じました。

それはさておき、きょうのこの席は、いわゆる無礼講であります。

社長、幹部、社員――上座も下座もなく、親しく膝をまじえ、腹の底を打ち割って話し、くつろぎ、そしておのおのの魂をとけ合わせ、明日からの大きな仕事に一丸となってぶつかっていきたい。そう願ってつくられたものであります。

どうぞ楽しくこの一夕を過ごし、明日からは、さらにみなさんの熱意と努力と研究にわが社の命運をかけてがんばりぬき、やがてまた、いっそう楽しく勝利の杯を酌《く》みかわす日の来ることを、いっしょに祈りたいと思います。

簡単ながら、これをもってごあいさつといたします。

新年の店主のあいさつ

みなさん、新年おめでとうございます。わが○○商店も創業以来ここに○○回目の新年を迎えました。

昨年一年、よくがんばりとおして働いてくださったみなさんが、疲れの色もみせず、元気いっぱいで新年の仕事はじめに集まってくださったのを目《ま》のあたりにして、私は喜びとともに、感謝の気持ちで胸がいっぱいであります。

当店も、みなさんの奮闘《ふんとう》努力によって、経営も順調に、昨年はわずかながら所期の目的を上まわる実績をあげることができました。

本年は、当店にとって重要な課題がいくつもひかえております。しかも、ご承知のように日本経済にいろいろな問題が山積しておりまして、情勢は必ずしも楽観できません。

しかし、困難なときこそ協力一致、心をふるい立たせてことにあたらねばならないのです。

何よりも大切なことは人の和であります。全従業員のみなさんの一致協力によるがんばりによって、この難関の年を切り抜け、最後の勝利をかち得ようではありませんか。

どうぞ、念頭にあたって一段の奮起をお願いするしだいであります。

今年が、当店にとっても、みなさんにとってもすばらしい年になりますように、また、平和な幸福な年であることをひたすらお祈りしまして、私の新年のごあいさつとします。

新年会の社長のあいさつ

みなさん、あけましておめでとうございます。

新しい年の仕事はじめに先だって、こうしてみなさんと一堂に顔をそろえ、さわやかながらも一緒に杯《さかずき》をあげることができますことを、たいへんうれしく思っております。

昨年は、わが国は一般に不況といわれましたが、当社では、計画していた生産目標をみごとに突破《とっぱ》、目標に対して一三〇パーセントの実績をあげることができました。これもひとえに、みなさんの一致協力による奮励《ふんれい》努力の賜物と、ありがたく存じております。

さらに、受注は日を追って急増しているため、一昨年秋から、工場の増築に着手いたしまして、春までには竣工《しゅんこう》の予定であります。

この第二工場が完成いたしますと、生産力は現在の二・五倍となりますので、本年はわが社にとって、「大飛躍の年」となるわけでございます。

わが社は、事業規模から申しますと、いわゆる中小企業に過ぎませんが、世間に多い大企業の下請《したうけ》とはちがい、独自に開発した製品が大きな強みとなっております。

そのうえわが社は、創業以来のモットーである従業員の一致団結のもとに、現場の方がたも、事務の方がたも、いわば一つの家族のごとく助け合って進んでまいりました。

このことが、今日の輝かしい業績を生む原動力となったのだと申してまちがいありません。

この「一致団結」の社風は、わが社のなによりの宝であると信じます。四月には、第二工場の完成に先がけて、多くの新入社員が入社してまいりますが、みなさんは先輩として、上司として、これらの新入社員を指導され、わが社の誇る「一致団結」の社風を伝えていただき、これまで同様、なごやかに楽しく働ける職場にしていただきたいと、いまからお願いしておきます。

本日は、はなはださやかな会ではありますが、この大躍進の年の新しい門出にあたって、ゆっくりとおくつろぎになり、楽しく語り、飲み、かつ歌い、明日からそれぞれの職場で活躍される英気を養っていただきたいと思います。

これをもって、年頭のあいさつといたします。

忘年会の上司のあいさつ

ただいまご指名をいただいて、実は少々面食《めんく》らっております。

と申しますのは、幹事の大村君から忘年会のお誘いをいただき、喜んで出席を決めたものの、まさか、その席上であいさつをさせられるとは、思ってもみませんでしたので、なんの用意もしておりません。

もっとも用意してきたところで、さほど気のきいたお話ができるはずもございませんが……。

ともかく、せっかくのご指名でございますので、本日、この会場へまいります途中で考えるともなく考えていたことをお話ししてみたいと思います。

それは、

「忘年会というのは、いままさに過ぎて行こうとしているこの一年を忘れようとするための会なのだろうか、それとも、一年ごとに老いていく自分の年を忘れようという目的で開く会なのだろうか。」

ということであります。

考えた結果、私の得ました結論は、どうも両方らしいということであります。

たとえば、この一年間に、面白くないことや、不幸なことなどの多かった人たちは、気の合ったもの同士で楽しく酒でも飲んで、この一年のことはきれいさっぱり忘れ、新しい年に出直そう、という気持ちになることでしょう。

そのような人たちにとって忘年会は、まさに過ぎようとしているこの年を忘れるための会であります。

しかし、この一年間に楽しいことや幸福なことの多かった人たちは、この年を忘れようとは思わないでしょう。

それどころか、記念すべき年として、生涯忘れまいと誓《ちか》っている人もいるかもしれません。

では、そのような人たちは、どのような気持ちで忘年会をやるのかといえば、ほんとうは年末祝賀会とでも名づけたいところだが、それでは、失意の一年を送った人たちに申しわけないという、あたたかい思いやりからにちがいありません。

みなさんが今夜この忘年会をお開きになったのも恐らくそういうお気持ちからではないかと思いますが、いかがでしょうか。

また、私のように、髪に白いものの目立ちはじめた者は、自分の年はあまり考えたくないものであります。それどころか、できるだけ忘れようとする傾向《けいこう》があります。

そういう年輩《ねんぱい》の者にとっては、忘年会とは自分の年を忘れるための会だということになります。

もっとも、みなさんのように若い方がたは、自分の年を忘れようなどという考えを起こされるはずもありません。

職場には、さまざまな年齢、部署、立場の人がいます。しかし、今夜はおたがいの年齢のちがいも立場のちがいも忘れて、無礼講《ぶれいこう》でいこうじゃないか――そういう気持ちからではなかろうかと思われます。

要するに今夜の忘年会は、みなさんにとって良いことの多かった今年一年の幸運を祝いあうとともに、来年もまた、より大きい幸福をつかむために、おたがいに協力してがんばろうじゃないかと励まし合う会であり、無礼講で楽しみ合う会であろうかと存じます。

私も、今夜は、みなさんの幸福と若さにあやかるために、自分の年を忘れて、大いに飲ませいただくつもりでおります。

とりとめのない話で恐縮ですが、これをもって、私のあいさつといたします。

成人の日の社長の祝辞

みなさん、成人おめでとう。
みなさんは学校を出られてから、すぐにわが社に入られ、仕事のうえではすでに一人前の働きをするまでに成長されたのでありますが、きょう「成人の日」を迎えられ、晴れて大人《おとな》の仲間入りをなさったわけです。心からお祝いを申しあげます。

ところで、大人になる、成人になるとはどういうことかと考えてみますと、それはむろん、今日から晴れて酒が飲めるとか、たばこが吸えるというようなことではありません。自分はもう大人になったのだと自覚し、自主独立の精神をもつとともに、教養をいっそう高めていくということであります。

私は、きょうのお祝いとして、ささやかな贈り物と一緒に、とくに一冊の本をお贈りしたいと思います。

これは『一日一言』といって、昔から現在にいたる、内外の学者や文学者、偉人などの著書のなかから、私たちの心の糧《かて》になるような短い言葉を三百六十五、選び出して、わかりやすい解説を加えて一冊にまとめたものです。私も、いつも手元から放さず、くり返し愛読している本です。

たとえば、この中に、「少年よ大志をいだけ」という、クラーク博士の有名な言葉が載っています。その言葉のようにみなさんは大志をいだき、前途に希望を燃やして、たくましく大きく成長していってください。

数年前に入社したころは、まだ、学生気分が抜けていない様子であったのに、今やすっかり立派な大人になったみなさんの晴れ姿を見ているうちに、私もつい感激のあまり、思わぬ長話をしてしまいました。

これをもって諸君の新しい人生の門出を祝うはなむけの言葉といたします。

運動会でのあいさつ

文化の日を記念して、わが社の大運動会が晴れ渡った秋空のもとで開かれますことは、まことに喜ばしいことであります。

社員のみなさんも、毎日の仕事から離れて、きょう一日は走り、跳び、投げて、その技を大いに競い合ってください。この大運動会は記録をつくること、勝つことよりも、みなが健康を祝いスポーツを楽しむために開かれたものです。「参加することに意義がある」のですから、どんどん参加していただきたいと思います。

なお、この大会をよりよく、より楽しいものとされるために努力された委員のみなさんのご苦労を感謝して、私のあいさつを終わります。

短いスピーチ

運動会閉会にあたっての総務部部長のあいさつ

団体優勝、個人優勝、各賞の発表、表彰式もすべて終了し、秋のスポーツ大会も盛会《せいかい》のうちに終えることができました。大きな事故もなく、競技も無事進行できましたことに、役員一同ほっとしております。それにいたしましても、部署対抗の騎馬戦の迫力には驚きました。こういったパワーが日ごろの仕事ぶりを支えているのかと納得させられるものでした。

みなさん、スポーツ大会を終えられていかがですか。体のあちこちが痛くなったり、思うように体を動かせなかったりと、日ごろの運動不足を思い知らされた方も多そうです。

きょうは、最後まで楽しくスポーツ大会ができましたことを感謝し、閉会の言葉に代えさせていただきます。みなさん、お疲れさまでした。それでは気をつけてお帰りください。

地域の催しでのスピーチ

町内会など地域で定期的な懇親会や、有志での旅行などが行われることがあります。

こうした会合は、できるだけ堅苦しさを避けて、ざっくばらんに話し合い、楽しみ合うのが本来の趣旨です。スピーチをするときも、**堅苦しい話し方は避けて、普段のあいさつをまとめた程度の軽い話し方のほうがよい**でしょう。

スピーチでは、その会がどういう性質で何の目的で開かれるのかという、**集まりの趣旨を要領よく話すことが大切**です。

会に初参加の人がいる場合は、その会の成り立ちや今後の目的なども、かいつまんで紹介する必要があるでしょう。

懇親会などでは、出席する人たちも気分的にリラックスしているので、格式ばったあいさつではなく、明るく親しみやすい口調で話すように心がけます。スピーチの演出ひとつで、会の雰囲気をもりあげ、参加者皆が心から楽しかったと思えるような会にすることができます。場当たり的なスピーチではなく、あらかじめ下準備をしておくことが大切です。

リラックスした会であれば、ユニークな自己紹介もよいでしょう。しかし、あまりはめを外すと、反感を買ったり、場がしらけたりするので注意が必要です。**「親しき仲にも礼儀あり」という基本を忘れず、会全体のことを気づかう気持ちをもって**スピーチをしましょう。

行事やイベントでのスピーチは、聞き手によって話し方を工夫しなければなりません。たとえば相手が年少者であるのに、むずかしい言葉を使ったり、堅苦しい話し方をしたりしては、いくら話の内容が立派でも、よいスピーチとはいえません。相手が社会人の場合と学生の場合、あるいは社会人と学生が入りまじっている場合とでは、話の内容はもちろん、**相手に応じた話し方をすることが必要**です。

地域の催しでのスピーチ

くだけたうちにも明るくひきしまったスピーチをするよう心がけ、訓示や説教がましい口調、押しつける態度は避けましょう。あまり形式にとらわれず、すべての人に話しかけるように分かりやすく話す工夫をします。

新年会での来賓の祝辞

みなさん、あけましておめでとうございます。新しい年を迎えてみなさんとともに喜びをわかちあい祝杯をあげることができましたことを心から感謝しております。

新年のあいさつ

「一年の計は元旦にあり」と申しますが、やはり年頭にその年の目標を立て、それに向かって努力するというのは、人間をみがくよい方法ではなかろうかと思います。

実は私も、ひとつ今年の目標を決めました。それは今年から怒らない、腹を立てないということです。年をとりますと腹を立てるごとに血圧があがる、血圧を低く保つためには腹を立てないのが最上の健康法であります。

それに心の修養にもなります。かるがるしく怒ったり、腹を立てたりせずに、十分に考えることこそ大切であると思います。

こう思い立った以上は、みずから深く戒《いまし》めて、やりとおそうとかたく決心しました。そこでみなさまにお願いがございます。

すなわち、私のこの一年の計の悲願をあと押しして達成させていただきたいというお願いです。つまりは、今年はひとつ私が腹を立てないですませられるように、いつもいい気持ちにさせておいていただきたいということなのです。

協力のお願い　計画と抱負

まことに虫のいいお願いで、みなさんのほうで腹を立てられるかもしれませんが、どうぞご協力をお願いいたしまして、私のつたない年頭のごあいさつとさせていただきます。

体育の日のあいさつ

さわやかな秋晴れのきょうは、まことに「体育の日」にふさわしい秋日和《びより》でございます。

△△市民体育祭の開催にあたり、一言お祝いの言葉を申しあげます。

体育の日は、国民一人ひとりがスポーツに親しみ、健康な心身をつちかうことを趣旨としてもうけられた国民の休日であります。

それは体育の保持増進のためばかりではなく、ひいては明るく住みよい社会を建設するようにという願いがこめられているのです。

当市では、この体育の日の行事として、体育祭を行い、すでに回を重ねて第×回を迎えることになりました。

しかも本年は、この体育祭が当市の市民祭の一環として開催されることとなりましたことは、当市における体育の普及浸透《ふきゅうしんとう》のうえからみても、まことに意義あることと存じ、喜ばしく存じます。

健康はすべての人にとって幸福の基礎であり、ひいては繁栄の原動力となるものであります。

本日のこの体育の日を契機として、市民の一人ひとりが、日常生活の中でみずから進んで体力づくりを実践され、健康な市民生活を送ってくださることを願ってやみません。

どうぞ、本日ここに参加されたみなさんも、体育祭の趣旨を十分に理解されまして、勝負にのみとらわれることなく、正々堂々とたたかい、スポーツを楽しむことを通じて心身の健康づくりを進めていただけますよう切望いたしまして、ごあいさつといたします。

文化祭での来賓の祝辞

本日は文化の日にふさわしい秋晴れの好天気に恵まれまして、まことに喜ばしいしだいであります。

全国各地において文化祭、あるいは芸術祭がはなばなしく開催されていることと存じます。

文化の日とは、自由と平和を愛し、文化をすすめる日とされています。

文化とは何かと申しますと、むずかしい問題となりますが、人間が知性をもって自然の中に人間の努力を刻みこむその行為、営みを文化と申してよいと思います。

そして、その所産がいわゆる文化財でありまして、私たちが先祖から代々相継いで、今日《こんにち》に伝えてきた貴重な財産であります。われわれはこれをただ受け継ぐばかりでなく、新たな文化財をつけ加え、いっそうよりよきものとして、つぎの時代に伝える努力をしなければなりません。

われわれの文化は、この自然の恵みのなかに発展してきたものであり、その母体である自然を破壊するごときは、文化の基盤そのものを崩す愚挙《ぐきょ》でありまして、こうしたゆきすぎは深く反省されねばなりません。

本年の文化の日を迎えるにあたって、とくにこれらの現実を直視して、自然を守ることこそ、人間の文化の真の目的であることを、すべての人が深く自覚することを願うものであります。

警察署長就任歓迎会の祝辞

このたび森田芳一氏が新たにS町の警察署長として着任されました。この機会に町民の有志各位とともに歓迎の意を表するために本日、この集まりをもったしだいであります。

森田新署長は、警察官としての経歴すでに十六年にわたられ、その円熟したご人格は県警本部においても、高く評価されておられるとうけたまわっております。しかも文才きわめてゆたかな方で詩歌のたしなみが深く、かつて当県警察官の歌を作詞され、警官諸君の愛唱されるところとうかがっております。このような教養識見《しきけん》にすぐれた逸材《いつざい》を、S町の署長にお迎えできましたことは、われわれ町民一同にとって大いなる喜びとするところであります。

S町は山紫水明《さんしすいめい》、古くから人情に厚いという定評のある土地でありますから、詩人署長とも申しあげたい森田所長にとっても、おそらく肌に合った場所柄と自負しております。

しかし、最近は昔のような朴訥《ぼくとつ》純粋の気風がそこなわれ、治安風紀《ちあんふうき》の点においてて幾多の問題が発生していることは遺憾《いかん》にたえません。また産業道路の開通によって交通事故も急激に増加しつつあり、新署長の英断に待つところ少なくないことを町民を代表して申しあげたいと存じます。何とぞ住みよいS町の実現のためにご努力くださることを期待するしだいであります。

簡単でありますが、一言歓迎の辞を述べてごあいさつに代えます。

高校卒業式での来賓の祝辞

みなさん、本日はまことにおめでとうございます。

いまからちょうど三年前、場所も同じこの講堂におきまして、みなさんの入学式が行われましたときも、私はお招きを受けまして、親しく参列させていただきました。
それから今日《こんにち》までのみなさんのご努力がみごとに実を結んで、いまここに卒業の日を迎えられたみなさんの希望に輝くお顔を拝見いたしまして、心からお祝いを申しあげずにいられません。

みなさんのなかには、卒業後、ただちに社会に出て働かれる人もありましょうし、さらに進学され大学その他の学校で学ばれる人もありましょう。しかし、いずれの道に進まれるにしましても、みなさんの前途《ぜんと》は、洋々《ようよう》として、希望に満ちているのであります。

若い人たちは、それぞれに無限に伸びる可能性をもっているのです。
今日《こんにち》、各界の第一線に立って、はなばなしく活躍している人を見ましても、少年時代から神童《しんどう》だとか秀才だとか呼ばれて、早くから今日の大成《たいせい》を期待されていた人たちもある一方、少年時代は学業の成績もふるわず、むしろ劣等生《れっとうせい》扱いされていた人たちも少なくなく、また、少年時代はあまりに平凡で、ほとんど人の注意をひかなかったという人たちも大勢いるのであります。

みなさんもまた、無限の可能性をもっておられます。その可能性を現実のものとすることができるかどうかは、ひとつに、今後のみなさんの勉強と努力にかかっているのであります。

どうか、みなさんもその可能性を信じて、たゆまぬ勉強をつづけ、もって生まれた才能を存分に伸ばすように努力してください。

それは、たんにみなさんのためであるばかりでなく、そうすることが、本日まで、みなさんを教え導いてくださった校長先生をはじめ、諸先生のご高恩《こうおん》に報《むく》いる道であり、また、みなさんがこの世に生まれ出た日からきょうの日まで、いつくしみ育ててくださったご両親の大恩《だいおん》に報いる、ただ一つの道なのであります。

講習会開講のあいさつ

このたび、○町内会の催《もよお》しとして、料理の講習会を企画いたしましたところ、こんなにも大勢の方がたにご参加いただきまして、私ども、ほんとうにうれしく存じております。

当町内会では、これまで、住民のみなさんに広く交流をしていただき、おたがいに見聞《けんぶん》を広めあうために、懇親会などを企画してまいりました。しかし、回を重ねるにつれて、ただ集まっておしゃべりをするだけではなく、ときどきは専門の先生を講師にお招きして、料理や染物、書道などの講習会を開いたり、医学や文学などの講演会を開いたりしたらどうだろう、というご意見を多くいただくようになりました。

そこできょう、その第一回の催しとして、料理の講習会を開かせていただくこととなったのでございます。

講習会や講演会には、参加資格などもべつに制限はございませんので、ご興味のあるテーマがございましたら、今後もぜひご参加いただきたいと存じます。会費は、講習会や座談会などにご参加になるときに、必要な経費を分担していただければ結構です。ぜひ積極的にご参加くださいまして、新しいお友だちをおつくりいただきたいものと存じます。

それでは、きょうは講師として田口先生においでをいただいておりますので、これから家庭で簡単にできる中華料理のつくり方を教えていただくことにしたいと存じます。

田口先生は、料理研究家としてテレビなどでも活躍なさっており、みなさまもご存じと思います。

なお、講習のあとで質問の時間もさいていただけることになっております。ご質問がございましたら、そのときにお願いいいたします。

ボランティア団体定例会での実行委員のあいさつ

来年度のスポーツレクリエーションの行事予定を決める前に、今年、当会が計画・実施した行事をふり返り、それを参考にしたいということなので簡単に申しあげます。

最初の行事は五月十五日、天覧山から吾妻渓谷までのハイキングを楽しみ、七月の市のイベントでは全体行事のパレードに参加、九月三十日にハゼ釣り大会、十月三十一日に町内会の運動会参加、十五日はスケート教室を開きました。

以上が今年度に実施した行事ですが、来年度はこの計画を決める際に、年間行事を何回にするか、その点をふまえながら、行事決定をはかりたいと思います。

町内会懇親会での開会のあいさつ

みなさん、本日はお忙しい中、このようにたくさんの方がたがご出席くださいまして、まことにありがとうございます。

本日の催しは、ゆっくりくつろいで、楽しいひとときをみなさんといっしょに過ごそう、という目的で開かれたものです。

どうぞそのおつもりで、ごゆっくりとおつきあいくださいますようお願い申しあげます。

さて、準備ができますまでのあいだ、ちょっとごあいさつを申しあげたいと存じます。

どうもこのごろは毎日、テレビのニュースや新聞を見ましても、まことにとげとげしい、暗い、心の痛むようなことが多過ぎるようです。

これらについてはいろいろと原因はあると思いますが、それはそれとして私どもはおたがいに毎日の暮らしを少しでも明るく、少しでも朗《ほが》らかに、少しでも楽しくしていきたいとは、だれしもが願っていることろでございましょう。

本日の催しも、つまりはそういった気持ちからでありまして、少なくとも自分自身を、家庭を、となり近所を、町内を少しでも明るく気持ちのよいものにしていきたいというのがその目的なのでございます。

その意味で、本日はみなさんにひとつゲラゲラと笑い、楽しんでいただけるようにプログラムも組みました。そろそろ、したくもできたようですから幕をあけることにいたします。

どうぞ楽なお気持ちで、最後までゆっくりとご覧ください ますよう、お願い申しあげます。

短いスピーチ

町内会総会での新会長のあいさつ

みなさん、こんばんは。お忙しい中、お集まりいただきありがとうございました。私はこのたび新しく会長になりました井上と申します。不慣れなものですから、みなさんにいろいろとご迷惑をおかけすることや、お教えいただくことが多いと思いますが、一年間よろしくお願いいいたします。

きょうの総会では、昨年度の町内会費の会計報告、ならびに今年の予算案の審議《しんぎ》をいたします。昨年度の会計報告は鈴木さんにしてもらいますので、よろしくお願いします。また、参考事項や説明などにつきましては、前任の山田さんにお願いしていますので、質問がありましたらどしどし出してください。では、会計報告と予算案の審議に入ります。

同窓会のスピーチ

同じ学校を卒業した者同士が、当時を振り返るために集まるのが同窓会です。**同時期に卒業した人たちが集まる会を同期会**、**同じクラスだった人たちが集まる会をクラス会**ということもあります。

同じクラス、同じ学校で学んだ思い出は、いつまでも心に残っているものです。旧交を温めるために、当時の思い出や、卒業から現在にいたるまでの話など、**参加者全員が共感を抱けるようなスピーチをするとよい**でしょう。

同窓会やクラス会は、卒業から数年は出席率もよいものの、年がたつにつれ足が遠くなることが多いようです。

しかし、年がたつにしたがって子ども時代の友だちがなつかしくなり、一時中断していたクラス会を復活したり、故郷を離れた現在地に同窓会の支部をつくって会合をつづけたりするという例も少なくないようです。

同窓会やクラス会で行うスピーチは、幼友だちが相手なのですから、**型にとらわれず、思うままに気持ちをあらわします**。方言のある地方では方言をまじえて行うほうが、親しみがわいてよいでしょう。

県人会とは、出身地から離れて住んでいる、同じ県（都道府県）の出身者、またはゆかりのある人たちが集まって親睦を深める会です。県人会の集まりには、学歴や社会的地位など、さまざまな立場の人が参加します。幹事はその点にも十分に気を配らなければいけません。スピーチをするときも、参加者同士の親睦を深めるという会の目的から離れることのないように気をつけます。

同窓会のスピーチ

同窓会は、さまざまな境遇にある者が、かつて同じ学校に学んだという一点だけで結ばれているのですから、話の中心は学生時代の思い出にしぼり、現在の職業や身分にはあまりふれないようにします。

同窓会役員のあいさつ

本日は、みなさまご多忙の中を懐旧《かいきゅう》の情を抱かれてかくも多数ご出席くださいましたことは、まことに喜びにたえません。

参会のお礼

私は本校第二回卒業生の石原二郎であります。役員一同を代表いたしまして一言ごあいさつを申しあげます。

本日は、現校長上田先生をはじめ、なつかしい塚原、坂本、木村の三先生もご出席くださいまして、往時の思い出話をしていただくことになっております。

わが母校も、ごらんのとおり、立派な鉄筋校舎となりまして、面目を一新いたしました。あのオンボロの木造校舎は、今はただわれわれ卒業生の胸のなかにしか残っておりません。しかし、幼なじみのあの顔、この顔を見出すごとに幼い日の思い出のかずかずがよみがえってまいります。

また、同窓会では、なつかしさ楽しさはもちろん、卒業年代や地域のちがいからまったく未知の間柄にあった人たちが、母校の思い出話や先生のうわさ話から急に親しみをまし、百年の知己《ちき》のごとくに打ちとけられることが少なくありません。みなさんにも、こんなご経験がたびたびおありと思います。

こういう意味からも、この同窓会をご活用くださいまして、ともに親睦を深めていただけたら、こんな喜ばしいことはありません。

あれやこれやとりとめのないことを申しあげましたが、どうか一年に一度のきょうの日を、楽しく、有意義にお過ごしくださるようにお願い申しあげまして、私のごあいさつといたします。

クラス会幹事のあいさつ

本日はみなさん、お忙しいところをよくおいでくださいました。幹事を代表いたしまして厚くお礼を申しあげます。

「蛍の光」や「仰げば尊し」を涙のうちに歌って校門を出たのは、遠いむかしのようにも思えますし、また、ついこのあいだのことのようにも思えるのは、私ばかりではないと思います。

いつの間にか結婚して、父となり母となって、世の荒波にもまれて、そろそろ頭に白いものがまじり出したり、頭が涼しくなってまいりますと、ひとしお腕白《わんぱく》時代がしのばれてなりません。

きょうは、ほのかに思いを寄せていた人に何年ぶりかで会えるかしら、などと年甲斐もなく胸をときめかせながら出席なさった方も少なくないと思います。

どうぞ、きょう一日だけでも、あのころの夢をもう一度よみがえらせてください。日ごろのいろいろなこともしばらく忘れていただいて、小学校時代の気持ちで語り合っていただきたいとお願いいたします。

なお、本日は臼井先生——旧姓加藤先生がご出席くださるというご返事をいただいております。まだお見えになっていらっしゃいませんが、ぼつぼつ会を進めていくうちに、なつかしい温顔をお出しになられることでしょう。

ではみなさん、まず元気な再会を祝して乾杯とまいりましょう。それぞれお手もとのコップをもってお立ちください。

短いスピーチ

高校クラス会での出席者のあいさつ

川上です。出がけに娘に「お父さん、またクラス会なの？好きねえ」と言われてしまいました。実は今年に入って、中学校のクラス会、大学のゼミの同窓会、そしてきょうとつづいたもので、こんな言われ方をしてしまいました。

男性も女性も四十を過ぎると、子どもの手が離れてむかしがなつかしくなり、せっせと同窓会に出かけ、旧交をあたためるようになるそうで、これを〝同窓会症候群〟というそうです。というのは冗談ですが、しだいに旧友に会うのが楽しみになってきているのは事実です。

家族は妻と娘、息子が一人ずついますが、娘や息子に冷やかされながらも、また同窓会やクラス会には出席したいと思っています。

同窓会支部発起人のあいさつ

本日はこんなにもたくさんの方がたにお集まりいただけまして、まことに喜ばしく存じております。発起人を代表いたしまして、一言、ごあいさつを申しあげます。

実は、先日、私は親戚の法事がございまして、久しぶりに郷里《きょうり》に帰省したのでございますが、そのとき私たちの母校K高校を訪ねましたところ、たまたま当時の担任であった谷川先生にお目にかかりました。

先生は現在、同高校の校長をしておられるのでありますが、そのとき先生から、

「東京には、K高校の卒業生がだいぶ行っているようだが、ときには会うかね。」

というお尋ねがございました。

それで、

「河井君とはときおり会っていますが。」

とお答えしましたところ、

「東京へ行っているのは、それだけではない。君たちの同期生だけでも十人以上いるはずだ。」

と言って、先生は卒業生名簿を見せてくださいました。

その名簿によりますと、現住所のわかる人だけでも、私どもの先輩・後輩を含めまして、百人以上の同窓生が東京に出てきているとわかりました。

それで、東京に同窓会の支部をつくって、年に一度か二度ぐらい集まって旧交《きゅうこう》をあたためることにしたらどうだろうかと思い、みなさんに今日のこの集まりのご案内状をさしあげたしだいでございました。

同窓生というものは、おたがいに血縁関係にも似た心のつながりを感じあっているのだと思います。

同窓会は、職業や利害関係にかかわらず、ただおたがいに同じ学校に学んだという心からの純粋な親しみから集まる会なのです。

そのうえ、今日《こんにち》、東京で生活しておりますわれわれには、おたがいに同郷人だという親しみが加わるわけで、いっそう心のつながりが深いわけであります。

年齢も職業もさまざまなみなさんですが、こうして集まってみますと、おたがいに思い出されるのは、おたがいのなつかしい少年時代であります。

本日は発会式《はっかいしき》でございますから、これから、先ほどお手もとにさしあげた『同窓会支部規約（草案《そうあん》）』について審議していただきたいと存じます。本会の発展は今後の運営いかんによることと存じますから、みなさま方の熱意により、この会がますます隆盛におもむきますよう、ご協力のほど、せつにお願いいたします。

規約がまとまりましたら役員を選出していただき、それが終わりましたら宴席に移りまして、まず、みなさんに自己紹介をお願いし、そのあとで歓談に移りたいと考えております。

これをもって、発会式のあいさつといたします。

中学校クラス会での恩師のあいさつ

元担任の岩本です。私ももうすぐ六十八歳になり、ちょっと老《ふ》けましたが、この通り元気です。現在は自宅で英語を教えています。むかしとちがってやさしい先生になっています。

先ほどからみなさんの顔を一人ずつ眺めておりますが、落ちついた風格といいますか、いい顔ばかりです。とはいえ、どこかにむかしの面影《おもかげ》があって、全員誰だかわかります。

それぞれの近況をうかがうのを楽しみにしていますが、一番驚いたのは、きょうの幹事をしてくださっている丸山君です。現在、市会議員をされているそうで、あのおとなしかった丸山君がいつから変貌《へんぼう》したか、興味のあるところです。他の人もどう変わったか楽しみに話を聞かせてもらいます。きょうは、忘れずに声をかけていただいてありがとうございました。

県人会幹事のあいさつ

きょうは、お忙しいところをよくお集まりくださいました。これから、わがF県人会の第○回総会を開くにあたりまして、幹事として一言ごあいさつを申しあげます。

私たちの県人会がこの東京の地に設《もう》けられましてから、もう○年になります。当初の会員の方がた、また途中加入の方がたのなかにも、すでに故人となられた方が大勢おられます。しかし、そのようにすでに故人となられた方がた以外で、脱会された方はほとんどなく、今日まで一つの団体としてまとまってまいりましたのは、まことにありがたいことだと申さなければなりません。

実は最近、ある県の県人会で、大量の脱会者が出たという話を耳にいたしました。その理由を調べてみましたところ、会の役員たちが、今度の選挙に際して同県人の某氏を積極的に支援し、県人会の緊急総会を開いて、会員の支援を要請《ようせい》したのが原因だといいます。私は、それを聞きまして、それでは会が割れるのもむりはないと思いました。

私たちの県人会の会則には、

「会員はいかなる政見《せいけん》をもち、いかなる政党を支持するのも自由だが、何人も、みずからの政治運動に本会を利用しようとしてはならない。」

と明示《めいじ》してあります。今回の某県人会の騒動を聞いて、いまさらに、会則にこの重要な規定を設けられた先人の先見《せんけん》の明《めい》を思い、まことによい規定をつくっておいてくださったと感謝したい気持ちになったのであります。

F県人会は、その会則の第一条にもうたってありますように、郷里《きょうり》を同じくする者たちが集まって、おたがいの親睦を深めることを目的とした親睦団体、社交的団体であります。たとえ自分の政治的信念は正しいのだと自負《じふ》していても、それを同じ県人会員だからという理由で、他の会員に自分の政治的信念を押しつけるようなことがあってはならないのです。

会の平和と発展のために、みなさまに改めて会則の意味をご確認いただくようお願いいたしまして、私のあいさつを終わらせていただきます。

■ 編集　　　　　　　土屋書店編集部
■ 編集協力　　　　　加藤 朋実
■ カバーデザイン　　佐藤　恵美（CROSS POINT）
■ デザイン　　　　　鈴木　明子／佐藤　恵美（CROSS POINT）
■ イラスト　　　　　ナトリサクラ

大人のスピーチ実例集

編　集　土屋書店編集部
発行者　田仲豊徳
印刷・製本　日経印刷株式会社

発行所　株式会社滋慶出版／土屋書店
東京都渋谷区神宮前3−42−11
TEL.03−5775−4471　FAX.03−3479−2737
http://tuchiyago.co.jp　E-mail:shop@tuchiyago.co.jp

©Jikei Shuppan Printed in Japan　落丁·乱丁は当社にてお取替えいたします。

本書内容の一部あるいはすべてを、許可なく複製（コピー）したり、スキャンおよびデジタル化等のデータファイル化することは、著作権法上での例外を除いて禁じられています。また、本書を代行業者等の第三者に依頼して電子データ化・電子書籍化することは、たとえ個人や家庭内での利用であっても、一切認められませんのでご留意ください。

この本に関するお問合せは、書名・氏名・連絡先を明記のうえ、上記のFAXまたはメールアドレスへお寄せください。なお、電話でのご質問はご遠慮くださいませ。またご質問内容につきましては「本書の正誤に関するお問合せ」のみとさせていただきます。あらかじめご了承ください。